위대한 네트워커 ❷ 대화

Conversations with...
The Greatest Networker
in the World

...More of the story

판 권 본 사
독 점 계 약

위대한 네트워커 ❷ 대화

지은이 · 존 밀튼 포그

옮긴이 · 손정미

펴낸이 · 용안미디어

개정판 발행일 · 2020년 09월 01일

펴낸곳 · 도서출판 용안미디어

주소 · 서울시 강남구 역삼1동 696-25 영성빌딩

전화 · 010-6363-1110

팩스 · 02-6442-7442

등록 · 제16-837호

가격 · 8,800원

ISBN 89-86151-53-7

✳ 잘못된 책은 바꿔 드립니다.

위대한 네트워커 ❷ 대화

Conversations with...
The Greatest Networker
in the World

...More of the story

YONGAHN MEDIA

목차

뒷 이야기

〈위대한 네트워커〉(제1편)의 마지막 제 15장 제목이 '시작'으로 끝났다는 것을 기억하는가?

퇴근 후, 주간미팅에 참석하기 위해 호텔로 가면서 만약 누군가가 어떤 사건이 일어나기 전에 그 일이 일 주일 후에 나에게 일어날 것이라고 미리 귀띔해 줄지라도 나는 그 말을 결코 믿지 않을 것이라고 말했었다. 하지만 지금은 어떤 사건이 일어날 수 있다는 것을 믿는다.

이제 독자를 위해 나의 마지막과 시작〈위대한 네트워커 1편의 마지막 15장〉을 다시 이야기하고자 한다.

진심으로 믿으면 이루어진다!

"누가 말했더라?"

나는 나 자신에게 큰소리로 물었다.

"클레멘트 스톤? 나폴레옹 힐? 아니면 나인가?"

한 가지 사실은 분명했다. 나에게 진정으로 필요한 것은 바로 '믿음'이었다. 나에게 믿음이 생기면 성공은 저절로 따라올 것이다.

위대한 네트워커의 집에서 밤늦게 나의 집으로 돌아왔을

때, 나는 내 마음속의 저울을 나에게 유리한 쪽으로 기울여놓았다. 그리고 그것은 영원히 나와 함께 할 것이다.

집에 들어서자 아이들은 이미 잠들어 있었지만 아내는 나를 기다리고 있었다. 그리고 우리는 새벽까지 내가 보낸 주말, 과거의 믿음과 새로운 믿음, 아내가 믿었던 것, 아내가 말하는 아내의 낡은 습관과 새로 갖고 싶은 믿음에 대하여 이야기를 나누었다. 비록 잠은 설쳤지만 참으로 뜻깊은 밤이었다.

그리고 그 다음날 우리는 환상적인 일요일을 보냈다. 숲으로 하이킹을 가면서 아이들은 뛰어 놀기도 하고 갑자기 다가와 안기기도 하면서 한껏 여유를 즐겼던 것이다. 자유롭고, 평화롭고… 나 자신과 가족에 대해 그토록 편했던 느낌은 없었던 것 같다.

그리고 나서 우리 가족은 모두 이탈리안 레스토랑으로 갔다. 그 곳은 지난 번 위대한 네트워커가 나에게 저녁을 사주었던 곳인데, 웨이터와 지배인은 나를 알아보고 밝게 미소를 지으며 다시 만나 반갑다고 인사를 했다.

아내는 자랑스럽다는 듯이 눈썹을 치켜올리며 미소를 지었다. 나는 기분이 너무 좋았다.

그리고…, 아마도 이것은 믿지 못할 것이다. 내가 그 전에는 단 한 명도 스폰서하지 못했다는 것을!

그런데 어떻게 되었는지 아는가? 그 주에 새로운 사람 3명이 들어왔다. 3명씩이나! 그리고 오늘 밤 그들 중 2명이 미팅에 참석하고 각각 한 명씩 손님을 데려온다고 한다.

이건 농담이 아니다.

그리고 더 놀라운 사실이 있다. 내가 스폰서한 사람들 중의 한 명은 바로 내 상사인 것이다. 어느 날, 점심시간 직전에 그는 내 사무실로 와서 이렇게 말했다.

"이봐, 자네가 무슨 식품을 먹는지 잘 모르겠지만 나도 하나만 주게."

나는 웃으면서 이렇게 말했다.

"오늘 점심을 사주시면 제가 1년 점심 값에 해당하는 것을 드리죠."

그리고 그는 그 자리에서 내 다운라인이 되었다. 그 상사는 몇 년 동안이나 네트워크 마케팅에 관심을 갖고 있기는 했지만, 사람들이 들려주는 이야기에 서로 상충되는 면이 많았기 때문에 내가 설명해 주기 전까지는 한 번도 제대로 이해한 적이 없었다고 했다. 게다가 대학을 졸업한 그는 곧바로 선생님이 되었지만 변변치 않은 수입에 만족할 수 없었고 또한 진실로 가르치고 싶은 것은 '인생에서 성공하는 법'에 관한 것이었다고 털어놓았다. 그리고 이렇게 말했다.

"네트워크 마케팅은 완벽하군. 어떻게 시작하면 되나?"

놀라웠다. 모든 것이 놀라웠다.

그리고 내 인생은 단 5일만에 180도로 달라졌다.

호텔 정문에 차를 세우자 지난주에 만났던 도어맨 크리스가 시동을 끄기도 전에 자동차의 문을 열어주었다. 나는 그에게 인사를 하고 내 차를 회색 픽업트럭 뒤에다 주차해 줄 수 있느냐고 물었다. 그는 기꺼이 그러겠다고 말했다.

호텔로 들어선 나는 새로 사업에 참여한 다운라인과 그들이 모시고 온 손님들을 찾았다. 그들은 일찍이 와서 기다리고 있었는데 뜻밖에도 내가 예상한 인원보다 두 명이나 더 많았다.

그들과 대화하는데 열중해 있던 나는 내 곁에 다른 사람이 서 있는 것도 알아차리지 못했다. 그러다가 잠시 대화가 끊겼을 때, 귀에 익은 목소리가 들려왔다.

"실례합니다. 여러분이 얼마나 대단하게 보이는지 말씀드리고 싶어서요." 위대한 네트워커였다.

내가 악수를 하려고 손을 내밀자, 그는 나를 강하게 끌어안았다. "정말 멋지군요. 어떻게 지내세요?" 그가 말했다.

"보기보다 훨씬 잘 지내고 있어요."

이렇게 말하는 내 목소리에는 기쁨 이상의 것이 담겨 있었다. 그러자 그는 고개를 끄덕이더니 호탕하게 웃음을 터뜨렸다.

"정말로 그런 것 같습니다!"

그렇게 말하고 그는 더 환하게 미소를 지었다.

"제 손님들을 소개하지요." 그리고 내가 손님들을 하나하나 소개하자 손님들의 얼굴에는 첫 미팅에서 위대한 네트워커를 소개받았다는 것이 기대 이상이라는 듯한 표정이 역력했다.

그가 사람들과 인사를 나누고 대화를 하는 동안 나는 뒤에 물러서 있었다. 정말 기분이 좋았다!

이윽고 그는 나를 돌아보더니 한 손을 내 어깨에 얹고 이렇게 말했다.

"당신은 정말 빨리 배우는군요."

"최고의 스승을 만난 덕분이죠." 내가 대답했다.

"고마워요."

따뜻하고 정답게 어깨를 감싸며 그가 말했다. 그리고 미소와 함께 잠시 깊은 심호흡을 하면서 이렇게 말했다.

"이제 스승을 능가할 준비가 되었나요?"

나는 그의 눈을 들여다보았다. 하지만 아무런 표정도 읽을 수 없었다. 그러나 나는 이미 알고 있었다. 나는 조용히 눈을 감고 심호흡을 했다. 그러자 정열적이고 능력있고 강력한 리더의 자세를 갖춘 나의 생생한 이미지들이 마음속으로 폭포처럼 쏟아져 들어왔다.

"네." 나는 감았던 눈을 뜨고 다시 그를 바라보며 말했다.

"좋아요. 이제 미팅이 시작되는군요. 앉읍시다."

그 미팅은 내가 참석해본 미팅 중에서 최고였다. 그 곳은 곧 에너지로 가득 찼고 유머와 웃음이 흘러 넘쳤다. 그리고 그 분위기는 그대로 연사에서 연사로 이어졌고 내가 데리고 온 사람들의 얼굴에서 미팅에 대한 관심과 미팅에 참석한 것을 즐거워하는 표정을 읽을 수 있었다.

마침내 사람들에게 위대한 네트워커를 소개하자 환호성과 휘파람 소리가 들려오면서 기립박수가 터져 나왔다. 그는 사람들 앞에 나서면서 갈채에 감사를 표했다.

이윽고 박수 소리가 가라앉고 사람들이 자리에 앉자, 그는 차분한 자세로 청중들을 바라보았다. 아마도 그 곳에 있는 사람들 하나하나의 얼굴을 찬찬히 살펴보는 것 같았다.

마침내 그가 입을 열었다.

"오늘밤, 나는 여러분께 성공비결을 보여드릴 생각입니다. 만약 여러분이 제 말을 귀기울여 듣는다면 성공비결을 말씀드리는 것이 아니라, 왜 '보여드린다'고 했는지 이해할 수 있을 것입니다.

지금까지 여러분은 성공비결에 대해 많이 들어왔을 것입니다. 그리고 여러분 중의 일부는 그런 이야기를 듣는 것만으로도 인생에 엄청난 변화를 이뤄냈습니다. 하지만 그냥 뭔가를 듣는 것만으로는 충분치 않다고 생각하는 사람들도 많이 있을 것입니다.

여러분 중에는 성공비결에 관한 책을 많이 읽은 분도 있을 것입니다. 그리고 그 책을 통해 많은 것을 얻었을 것입니다. 하지만 그러한 정보만으로는 자신의 일과 삶의 방식에 심오한 변화를 가져오기에는 충분치 않습니다.

여러분이 어렸을 때, 걷거나 혹은 자전거 타는 법을 어떻게 배웠는지 기억하십니까?

아마도 여러분은 누군가가 걷는 법 혹은 타는 법을 보여주었기 때문에 배울 수 있었을 것입니다. 여러분은 어른들이 어떻게 걷는지 보았고 그런 후에 누군가가 여러분과 함께 걷고 여러분이 걷는 것을 도와주었을 것입니다. 넘어지면 일으켜 세워주고 곁에서 손을 잡아주면서 말입니다.

그리고 얼마 지나지 않아 여러분은 용감하게 발을 내딛어 다리를 움직이고 걷게 되었을 것입니다. 드디어 자유롭게 된 것입니다!

자전거를 타는 법도 마찬가지입니다. 처음에는 누군가가 여러분을 자전거에 태우고 열심히 페달을 밟습니다. 그러면서 타는 법을 보여줍니다. 그렇게 타는 법을 보고 난 몇 분 뒤에 혹은 몇 시간 아니면 며칠 뒤에 그 자전거를 탑니다. 물론 처음에는 이리 저리 비틀거립니다. 겁도 납니다. 하지만 결국 거리로 나서서 혼자의 힘으로 자전거를 타게 됩니다.

드디어 자유롭게 된 것입니다!

물론 여러분은 걷는 법, 자전거를 타는 법에 대해 많은 것을 알고 있었을 터이지만 지식만으로는 충분치 않습니다. 방법은 알고 있지만 완전하게 실행하지 못하는 것입니다. 따라서 정보를 아는 것만으로는 충분치 않습니다.

사실, 자신이 알고 있었던 것은 실제로 그다지 소용이 없습니다. 이 모든 것을 되돌아보면 차라리 자신이 몰랐다고 생각했던 바로 그것이 '비결'이라는 것을 짐작할 수 있을 것입니다. 즉, 자신이 아직 모른다는 사실을 알게 되었을 때, 비로소 여러분은 걷고 자전거를 탈 수 있는 것입니다.

곰곰이 생각해 보십시오.

걷는 비결과 자전거 타는 비결은 자신이 아는 것에서 나오는 것이 아닙니다. 또한 자신이 모른다고 생각했던 것에서 나오는 것도 아닙니다. 그 특별한 비결은 방대한 미지의 지식 어느 한 귀퉁이에 숨어 있습니다.

'미지의 지식', 그것이 바로 여러분이 모른다고 말하는 부분입니다. 말이 좀 어렵습니까? 그러나 이것은 굉장한 아이디어입니다. 그리고 누구라도 쉽게 접근할 수 있는 창조력과 성공 에너지의 원천입니다.

걷는 것과 자전거 타기는 모두 균형의 문제입니다. 균형은 물건처럼 소유하고 있는 것이 아닙니다. 그것은 이쪽으로 움직이거나 혹은 저쪽으로 움직이는 것처럼 여러분이 행동하는 것도 아닙니다. 물론 균형을 위해서는 어느 정도 두 가지 모두 필요하지만.

균형은 어떤 존재의 상태입니다. 여러분은 균형상태에 있거나 혹은 균형상태에 있지 않을 수도 있습니다.

여러분은 걷거나 혹은 넘어집니다.

여러분은 자전거를 타거나 혹은 넘어집니다.

여기서 핵심 열쇠는 바로 '균형' 입니다.

일단 균형을 잡으면 여러분은 비결을 얻은 것입니다. 아무도 그것을 빼앗아 갈 수 없습니다. 왜냐하면 그것은 잃거나 도둑맞을 수 있는 것이 아니기 때문입니다.

그리고 그것은 잊혀지지도 않습니다. 물론 자신이 기억하고 있다는 사실을 기억하지 못하는 순간도 있겠지만 그리 오래 가지 않습니다.

그러면 왜 제가 여러분들에게 이런 이야기를 하는 것일까요? 혹시 마음속으로 이런 의문을 품고 있는 분은 없습니까?"

이렇게 말한 그는 크게 웃으면서 말을 이었다.

"의아한 표정을 짓고 계신 분이 몇 분 있군요. 좋습니다. 나는 지금 여러분에게 '보고 배운다' 는 것에 관하여, 여러분이 모르는 것에 관하여 그리고 균형에 관하여 말씀드리려 합니다. 왜냐하면 성공을 얻는다는 것은 그리고 성공적인 일을 한다는 것은 바로 균형을 잡는 것이기 때문입니다.

아까도 말했지만 '균형'은 '어떤 존재의 상태'입니다.

여러분은 승자이거나 혹은 패자입니다. 중간이란 없습니다. 여러분은 성공했습니까? 아니면 실패했습니까?

이렇게 질문을 던진 그는 잠시 말을 멈추고 나서 사람들을 둘러보았다. 그 때, 나는 나 자신에게 그 질문을 던져보았다.

"나는 성공했는가?"

그리고 나서 즉시 큰소리로 대답했다.

"네."

그가 나를 똑바로 바라보았다.

"좋습니다. '네'라고 대답하셨죠?"

그러더니 그는 연단에서 내려와 나에게 다가오며 물었다.

"일어나주시겠습니까?"

나는 일어났다.

"당신은 승자입니다. 정말 훌륭하군요. 그것을 언제 깨달았는지 말씀해 주십시오."

"일요일입니다."

"지난 일요일을 말하는 겁니까?"

"네, 바로 지난 일요일이었습니다." 나는 웃으며 대답했다.

그러자 내 뒤의 청중들 사이에서 낄낄거리는 웃음소리가 들려왔다.

"지난 일요일에 무슨 일이 있었는지 앞으로 나와 이야기해 주실 수 있겠습니까?

그가 정중히 청했다.

나는 심호흡을 하고 그를 바라보았다. 그는 미소를 지으며 나에게 무대 위로 올라오도록 격려했다. 이윽고 나는 무대로 올라가 그 옆에 섰다.

그는 청중들에게 나를 소개하고 나서 내가 마이크를 준비하는 동안 우리가 어떻게 만났는지에 대해 사람들에게 설명하였다. 그리고 내가 사업에 대해 그에게 어떤 식으로 설명했는지 아주 구체적으로 이야기했다. 내가 어떻게 느끼고 있었는지 무엇을 계획하고 있었는지 심지어 내가 지난 목요일을 '마지막 미팅'으로 생각했다는 것. 그리고 이 사업을 그만두려 했다는 것까지 얘기했다.

그 다음에 그는 사람들에게 내가 이룬 성공에 대해 이야기했다. 또한 새로운 사람을 스폰서하고 오늘밤 손님들을 참석하게 한 것도 이야기했다. 그리고 나의 손님들에 대해서도 자세하게 말했다.

나의 손님들이 이 자리에 온 것을 얼마나 기쁘게 생각하고 있는지 이야기하면서 나의 손님들은 네트워크 마케팅과 더불어 자신의 가치를 소중히 여기는 사람들과 장소를 발견하였으므로 삶의 목적을 실현시킬 수 있는 방법을 찾은 것이고 이것이야말로 그들이 수년동안 찾아 헤매던 바로 그것이라는 이야기도 했다.

또한 내가 그에게 말했던 내 삶의 목적, 내가 가치있게 생각하는 것, 그것의 의미 그리고 그런 것들이 나에게 해준 일들을 사람들에게 이야기했다.

나는 그가 나에 대해 이야기할 때, 그가 보여준 자부심에 진한 감동을 받았다. 알지 못하는 사이에 눈물이 솟아나 안경을 들어올리고 눈물을 닦아야만 했던 것이다.

그 누구도 나에 대해 그런 식으로 얘기한 적이 없었다. 분명히 수백 명 앞에서 그렇게 말한 사람은 지금까지 없었던 것이다.

그는 말했다. 내가 그를 감동시켰다고. 내가 너무나 자랑스럽다고. 그리고 나를 '젊은 성공자'라고 불렀다. 그리고 나서 그는 이렇게 말했다.

"여러분께 성공비결을 보여드리겠다고 약속했었죠?"

그러더니 한 팔을 내 어깨에 두르고 다른 한 손으로 나를 가리키며 말했다.

"바로 여기 있습니다."

그러자 순간적으로 침묵이 흘렀고 그것이 나에게는 거대한 포효처럼 들려왔다. 나를 뚫어지게 바라보는 사람들의 얼굴이 흐릿하고 어지럼증이 일었지만 나는 그대로 서 있었다.

무대 위에 둥둥 떠 있는 듯한 느낌이 다가오면서 한 이미지가 내 마음속에 밀려들었다. 그것은 수정처럼 투명하고 예리하며 생생하게 밝은 공간이었고 수많은 사람들이 나를 쳐다보고 있었다. 나는 그들에게 변화의 힘과 영감을 불어넣어 주었고 그들은 나에게 감사를 표했다.

이윽고 사람들이 무대로 올라와 고맙다는 말을 하면서 내 손을 잡고 환호했다. 그리고 그들은 내가 한 말과 행동이 그들에게 커다란 의미를 안겨주었다고 말했다.

특히 한 여성이 양손으로 내 손을 잡고는 이렇게 말했다.

"감사합니다. 당신은 내 인생의 목적을 보여주셨습니다. 또한 어떻게 하면 나 자신을 믿을 수 있을지 보여주셨습니다."

바로 그 순간, 내 어깨를 감싼 위대한 네트워커의 팔이 나를 강하게 포옹하자 나는 드라마 속의 주인공이 된 듯한 착각에서 빠져 나왔다. 그는 내 얼굴과 눈을 들여다보며 이렇게 말했다.

"당신은 특별한 사람이오. 이제 사람들에게 성공을 보여주십시오." 그리고 그는 무대를 내려갔다. 그러자 사람들이 일제히 박수갈채를 보냈고 환호를 하면서 내 이름을 외치고 있었다. 충격에 휩싸인 나는 그들에게 고맙다는 인사를 하고 미소를 지으며 이렇게 말했다. "감사합니다. 대단히 감사합니다."

그 곳은 열광의 도가니였고 한쪽에 그가 서 있는 모습이 보였다. 그와 시선이 마주치자 그는 미소를 지었고 나는 그 모든 환호와 박수소리 너머로 그의 힘찬 웃음소리를 들을 수 있었다. 그리고 그는 손을 들어 보이고 밖으로 나갔다.

놀라웠다! 정말 놀라웠다.

〈위대한 네트워커〉가 출판된 이후 사람들은 나에게 그 후속편이 있는지 물어왔다. 그러면 항상 이렇게 되물었다. "만약 후속편이 있다면 어떤 내용의 책일까요?"

대답은 거의 공통적이었다.

"그가 어떻게 했는지. 당신이 떠난 그 시점부터 그가 어떻게 사업을 일구었고 또한 어떻게 성공했는지 말해 주세요."

그 성공 요령에 대해 한 마디로 말한다면 바로 '대화'이다.

너무 간단하다고 생각되는가?

하지만 진정으로 '대화'가 성공 요령이다.

모든 것은 대화 속에서 일어난다. 네트워크 마케팅은 대화로 이루어지는 것이다. 인생 역시 대화로 이루어진다. 나는 믿음의 습관을 대화로 바꾸었다. 바로 이것이 내가 아는 모든 것을 배운 방법이며 또한 모든 것에 대해 알지 못한다는 사실을 배운 방법이기도 하다. 그리고 그것은 번개처럼 빠른 속도로 일어났다.

이제 시간을 앞으로 돌려보자.

모임이 있던 그 날, 미팅을 마친 나는 손님들을 배웅하고 내 차로 갔다. 하지만 회색 픽업트럭은 없었다. 도어맨인 크리스는 여전히 자리를 지키고 있었는데, 그는 차 문을 열어주면서 쪽지를 하나 건네주었다.

"이게 유리창에 꽂혀 있었습니다. 안녕히 가십시오."

"고맙네, 크리스."

쪽지에는 이렇게 적혀 있었다.

좀 늦었지만 함께 저녁식사나 할까? 이번에는 일식으로 할 생각인데 어떤가? 9번 가의 히로시 식당. 거기서 만나지.

비록 그 당시에는 잘 몰랐지만 그날 밤의 모임은 나에게 있어서 사업의 성공적인 방법을 배우는 공식적인 트레이닝의 시작이었다. 나의 트레이닝은 모두 대화로 이루어졌다.

나와 스승과의 대화. 그리고 오늘날까지 나는 똑같은 방법으로 사람들을 훈련시킨다.

story ❶
믿음의 새로운 정의

길가로 나 있는 식당입구의 문을 열고 안으로 들어가자, 기다랗고 좁은 나무계단이 2층으로 연결되어 있었다. 그리고 계단을 거의 다 올라가자 부드러운 음악소리와 함께 귀에 익은 네트워커의 웃음소리가 안에서 들려왔다.

파란색과 흰색으로 드리워진 커튼을 걷고 안으로 들어가자 작지만 아늑한 식당 안의 모습이 눈에 들어왔다. 식당의 오른쪽에는 6개의 의자가 놓인 바가 있었고 다다미 방 위에는 아홉 개 정도의 낮은 테이블이 가지런히 정돈되어 있었다. 그리고 각각의 테이블마다 커튼의 색과 조화를 이룬 똑같은 모양의 방석이 놓여 있었다.

네트워커는 입구 쪽에서 가장 먼 테이블에 자리를 잡고 앉아 있었는데, 내가 다가가자 키모노를 입은 여인이 인사를 하고 파란 머리띠를 두른 남자가 미소를 지으며 일본어로 인사를 했다.

"뭐라고 하는 거죠?" 내가 위대한 네트워커에게 물었다.

"좋은 저녁이라는 뜻이지요."

그리고 그는 자리에 앉으라는 손짓을 하며…

"자, 여기로…."

그는 허리를 숙여 낮은 테이블 아래를 가리키며 나에게 똑같이 해보라고 했다.

"보이시죠. 다리를 놓는 곳입니다."

그는 다시 허리를 펴고 앉으며 계속 얘기했다.

"서양사람들이 다리를 쪼그리고 앉아서 음식을 먹는 것은 힘든 일이죠. 하지만 히로시 식당은 아주 편안합니다. 우리 같은 사람들이 다리를 쭉 펼 수 있도록 상 밑을 파놓았기 때문에 마치 의자에 앉는 것처럼 편안하게 앉을 수 있는 것입니다. 전통적인 일본인들은 작은 방석에 꼿꼿이 앉아서 음식을 먹는 관습이 있죠."…

"일주일만에 뵙는 거죠?"

"네. 어떻게 지내셨습니까?" 내가 물었다.

"물론 행복한 일주일 이었지요. 당신이 자랑스럽습니다." 그리고 그는 크게 입을 벌리며 웃었다.

"내가 갖고 나가서 팔고 싶은 것이 바로 그 웃음입니다."

내가 그의 환한 얼굴을 가리키며 웃었다.

"아, 이 웃음 말이죠. 그 비밀을 알고 싶나요?"

"당연하죠."

"이 웃음은 내 스스로 배운 보물입니다. 사실, 처음에는 내 사고방식과 태도를 바꾸려고 의식적으로 많은 노력을 했습니다."

"그렇군요?"

"전에 어느 네트워커의 강연을 들은 적이 있었어요. 그는 사람의 부정적인 면에 대해 설명을 했는데, 그것은 이 사업을 하면서 갖게 되는 회의적인 생각과 거절을 당하는 데서부터 비롯된다고 하더군요. 그래서 그 네트워커는 자신의 태도를 변화시키려고 웃음을 활용한다고 말했습니다."

"저는 원래 걱정을 많이 하고 소심한 편입니다. 놀랐습니까? 사실입니다. 특히 저는 미래에 대한 걱정을 많이 했습니다. 사실 지금도 어느 정도는 걱정을 합니다.

어쨌든 그 네트워커는 갑자기 청중들에게 실험을 하나 하겠다고 말했습니다. 그는 청중들에게 잠시 후에 부정적인 생각을 심어주겠다고 했죠. 그리고 어떤 나쁜 일이 일어날 것이라고 말했습니다.

그렇게 우리가 비관적인 생각을 갖게 되자 그는 앞으로 흥미있는 일이 일어날 테니 잘 지켜보라고 말했습니다.

'이제 우리 마음속에는 분노, 두려움, 비판 혹은 걱정이 가득합니다. 여러분은 손을 들고 있다가 마음속에 불행한 생각이 확고하게 자리잡았을 때 손을 내리십시오.'

청중들이 모두 손을 내리자 그가 소리쳤습니다.

'이제 웃으십시오! 여전히 걱정스럽고 혹은 화가 나도 괜찮습니다. 그냥 웃어요! 크게. 더 크게. 입이 찢어지도록. 자 어서!'

그가 또 소리를 질렀습니다.

'웃어요!'

그러자 모든 청중들이 웃음을 터뜨렸죠. 그리고 나서 그가 물었습니다.

'무슨 일이 일어났죠? 여러분 중에 어느 누구도 웃음을 띤 채로 부정적인 생각을 갖고 있는 사람은 없는 것 같군요. 웃는 동안에는 걱정하거나 화를 내는 것이 거의 불가능하죠. 사실 우리의 마음은 부정적 사고와 긍정적 사고를 동시에 가질 수 없습니다.

사람들이 웃을 때 뇌에서 엔돌핀이라는 화학물질을 방출하여 부정적 생각을 불가능하게 한다는 사실은 과학적으로 증명된 것입니다. 정말 놀라운 일입니다.'

어떻습니까, 놀라셨죠?"

나는 마음속으로 감탄을 하며 고개를 끄덕였다.

"질문을 하나 할까요? 내가 알기로는 일전에 당신의 사고방식이 아주 비관적인 때가 있었던 것 같은데…. 맞죠?"

"아, 예." 나는 그 때의 부정적인 감정들이 생각나 깜짝 놀라며 대답했다.

"그럴 때 기분을 바꾸려고 어떤 시도를 해 보셨나요?"

"글쎄요, 대개는 기분이 바뀌지 않았습니다."

"그럼… 그렇다고 항상 부정적인 것은 아니었죠?" 그가 몸을 앞으로 기울이며 진지한 눈빛으로 물었다. 그의 태도에는 모든 것을 듣고 그것을 사실로 받아들이려는 진지한 자세가 엿보였다.

"물론이죠. 그냥 부정적인 생각이 사라질 때까지 기다립니다. 그러면 다시 화가 나고 두려움을 느끼기까지 무엇을 걱정하고 있었는지 잊어버리게 됩니다."

나는 솔직하게 대답했다.

"좋습니다. 이제 당신이 해야 할 일은 웃는 것입니다. '스마일'은 영어에서 가장 긴 단어라고 하지요? 왜냐하면 끝까지 도달하려면 1마일이 걸리니까요. 부정적인 생각이 떠오를 때마다 얼굴에 함박웃음을 짓고 무슨 일이 생기는지 지켜보세요. 웃는 자세를 배운 후에 내가 시작한 일이 무엇인지 아십니까?"

나는 그에게 말해 달라고 고개를 끄덕였다.

"전화기 오른 쪽 옆에 거울을 놓았어요. 그리고 나서 회원모집 전화 또는 기존회원에게 전화할 때마다 거울을 보며 내가 웃음을 짓고 있나 확인했습니다. 그 결과는 놀라웠습니다! 대화가 얼마나 부드럽게 진행되었는지 그리고 얼마나 성공적인 전화통화가 되었는지 그것은 말로 표현하기 힘들 지경입니다. 웃음의 효과는 정말 빠르게 나타납니다."

어느 새 음식이 나오기 시작했고 우리가 접시를 비우면 계속해서 또 다른 접시가 나왔다.

"와! 이게 도대체 뭐죠?"

내 앞에 잘 차려진 이국적 음식을 손으로 가리키며 내가 소리쳤다. 위대한 네트워커는 차례로 각각의 음식을 가리키며 음식의 이름과 그것이 무슨 의미인지 알려주었다.

해초로 만든 샐러드, 닭꼬치, 장어구이, 오시타시(시금치), 토후, 덴뿌라, 새우튀김, 생선회, 스시, 굴, 면 게다가 손으로 깎아 만든 이쑤시개도 나왔다.

전에 한 번, 일식 스테이크 식당에서 식사를 한 적이 있었는데 그 곳의 주방장은 마술사처럼 테이블 바로 앞에서 석쇠에 요리를 만들며 칼로 양념을 자르고 공중돌리기하는 묘기를 보여주었다. 하지만 이번의 경우는 전혀 다른 것이었다.

그가 음식을 먹자고 말했다. 그 때 나는 젓가락을 처음 사용하는 것이었기 때문에 그 사용방법을 물어보았다. 그는 인내심 있게 젓가락 잡는 법을 보여주었는데, 둘 중 하나는 엄지와 집게손가락 사이에 놓고 왔다갔다하고 나머지 하나는 오른 손의 나머지 손가락 위에 걸쳐놓으면 되었다. 나는 그것이 재미있기도 하고 경외심까지 느껴졌다.

"젓가락을 사용하면 긴 손가락이 두 개 더 생긴 셈이 되지요." 이렇게 말한 그는 웃으면서 힘들이지 않고 회 한 점을 집어 작은 종지에 담긴 간장에 담갔다. 내가 물끄러미 그 모습을 바라보자 그는 이렇게 말했다.

"이것은 '타마리'라고 하는데 특별한 간장입니다."

그는 회의 맛을 음미하기 위해 눈을 감았다. 그리고 천천히 정성스럽게 맛을 보면서 씹었다.

"정말 맛있군요. 이 생선은 방어류인데 하마치라고 부르죠. 먹어보세요."

그가 싱싱한 회를 가리키며 말했다. 나는 팔을 뻗어 하나를 집었지만 곧 테이블에 떨어뜨리고 말았다. 하지만 다시 회를 집어 의기양양하게 간장 종지 위에 놓았다.

그는 밥그릇을 왼손으로 잡고 반찬을 밥 위에 얹어 밥 먹는 법을 보여주면서 나에게 젓가락 사용법에 익숙해지기 전까지는 그렇게 먹는 것이 나을 것이라고 말해 주었다.

음식 맛은 정말 훌륭했다.

"자, 이번 주에 당신에게는 어떤 변화가 있었나요?"

나는 꼬았던 다리를 풀어 테이블 아래로 뻗으며 마치 주일 부흥회의 신자들이 하는 것처럼 이렇게 말했다.

"믿습니다! 믿습니다!"

"좋습니다. 당신이 믿는 게 뭐죠?"

"나 자신입니다. 나는 나를 믿습니다. 나는 이 사업을 잘 할 수 있다고 믿습니다. 나는 믿습니다. 나의 성공, 배울 수 있는 능력, 나의 목표…."

"아주 훌륭합니다. 그런데 당신이 말하는 '믿음'은 어떤 의미죠?"

"글쎄요, 내 말의 의미는 내가 안다는 것입니다. 나의 목표처럼, 지금 내가 생각하고 있는 것이 실현될 것이라고 나는 신뢰합니다. 아니 정확히 믿고 있는 것이죠.

내가 알기로는 믿음은 성공의 원천입니다. 믿음은 창조의 핵심이거든요. 우리가 믿는 것은 당연하죠."

"그래요. 자기 자신, 제품, 회사, 사업, 능력에 대한 믿음이 부족하다는 것이 사업을 그만두는 가장 큰 이유가 되죠. 당신이 그랬던 것처럼요. 그렇죠?"

"네."

"당신이 말했던 것처럼 믿음은 안다는 것입니다."

"그렇습니다. 나는 알고 있습니다. 나는 꿈을 실현하고 내가 할 수 있다는 것을 압니다."

"훌륭합니다. 그러면 당신은 어떻게 알았습니까?"

"어떻게…라뇨? 전 알아요. 그게 전부입니다."

나는 내 목소리가 방어적으로 변화하는 것을 느낄 수 있었다. 그러자 그가 손을 들고 부드럽게 '그만 하자'는 몸짓을 하며, 다음 말을 이었다.

"자, 그럼 그 문제를 함께 생각해 봅시다. 왜냐하면 나는 믿음에 대한 당신의 개념에 반했고, 당신은 지금 중요한 시점에 와 있다고 생각하기 때문입니다. 저와 잠깐 연습해 볼까요?"

"좋습니다."

"미리 말하지만 이 연습이 약간은 불편을 안겨줄 수도 있습니다. 전에 어떤 사람은 자기가 해본 연습 중에서 이것이 가장 불편한 것이었다고 말하더군요. 내 짐작이 맞는다면 당신은 곧바로 방어본능을 불러일으킬 것입니다. 하지만 걱정하지 마십시오. 길어도 1분 혹은 2분 이상 걸리지는 않습니다."

그의 흥미로운 소개에 나는 미리 겁을 집어먹었고 흥분하기까지 하였다. 내가 나의 상태를 말하자 그는 알고 있다는 듯한 미소를 지어 보였다.

"좋아요."

나는 심호흡을 하면서 노래를 불렀다.

"돌아가기에는 이제 너무 늦었고… 나는 믿어요. 믿어요. 나는 사랑에 빠져 있다고 믿어요."

나는 노래를 끝내고 이렇게 말했다.

"자, 이제 연습을 시작하죠."

그러자 그는 "좋습니다. 자, 한 가지 사실을 말해 보세요. 당신이 확실히 알고 있는 것은 무엇이죠?"

"지구는 둥글다."

나는 확신에 차서 말했다.

"좋아요! 그것을 어떻게 알았습니까?"

"우주비행사가 지구 밖에서 찍은 지구 사진을 보았습니다."

"그것을 어떻게 알았습니까?"

"무엇을…요? 내가 본 사진? 아니면 그것이 정말 지구였는지 아니면 진짜 사진인지… 무엇을 알았느냐는 거죠?"

위대한 네트워커는 간청하는 목소리로 다음과 같이 말했다.

"여기서는 너무 똑똑하려고 애쓸 필요가 없습니다. 그냥 질문을 듣고 답변해 주세요. 그것을 어떻게 알았습니까?"

이제 겨우 질문에 대해 세 번째 답변을 하고 있는데도 나는 벌써 불편한 기분을 확연하게 느낄 수 있었고, 시간이 지날수록 그러한 기분은 계속 악화될 것이 분명했다. 나는 이 연습을 가능한 한 빨리 끝내고 싶은 마음에 재빨리 대화를 이어나갔다.

어떻게 나는 알았지?

나는 사진을 봤어.

그것을 어떻게 알았지?

내 두 눈으로 그것을 봤어.

그것을 어떻게 알았지?

봤어. 그렇게 알게 된 거야. TV나 잡지에서 내 두 눈으로 똑똑히 봤어. 그래서 알게 됐어!

그런데 그것을 어떻게 알았지?

지구의 사진이 눈에 입력되고 아주 작은 빛의 영상이 망막에 모이자 그 영상이 전기적 자극이 되어 뇌에서 신경전달물질과 대뇌피질의 시냅스(신경세포의 연접부)를 돌아다닌다.

그리고… 젠장! 어떻게 아는지 정말 모르겠군. 난 그냥 알고 있어. 지구는 둥글다. 나는 알아! 그게 전부야!

"벌써 연습의 가장 불편한 부분에 도달한 것 같군요."

그가 무표정한 얼굴로 부드럽게 말했다.

"자, 생각해 봅시다. 당신은 지금 알고 있다고 주장하기는 하지만 그 이유를 말할 수 없고 그저 '나는 알아' 그러니 '쓸데없는 짓은 그만둡시다' 라고 말하고 있습니다. 그렇죠?"

그는 내 대답을 기다리지 않고 말을 이었다.

"아니면 당신은 정반대의 입장에 서서 자신이 아무 것도 모른다는 사실을 깨달았을 수도 있습니다. 어느 쪽이죠? 아니면 둘 다?"

나는 천천히 길게 한숨을 내쉬었다. 대답하기가 불가능한 질문 앞에서 생각만 오락가락했던 것이다.

"나는 모르는 것 같아요. 아무 것도 몰라요. 내가 모른다는 것도 몰라요!"

나의 좌절이 확연하게 드러났다.

우리는 잠시동안 조용히 앉아 있었다. 그리고 그는 무표정하게 내 얼굴을 들여다보더니 마침내 말문을 열었다.

"맞-아-요."

그는 이 한 단어를 마치 한 문장이라도 되는 것처럼 길고 천천히 발음했다.

"나도 동감합니다. 나 역시 이 연습이 가장 불편하다는 것을 알고 있습니다. 나도 이 연습을 하고 난 후, 단순히 아무 것도 모른다고 생각했습니다."

그는 그렇게 말하면서 머리를 가로 저었다. 자신이 연습할 때의 기억이 그를 슬프게 한 것 같았다.

"나는 지금도 그리고 과거에도 정말로 알 필요가 있는 사람 그리고 옳은 사람이 될 필요가 있는 사람이었습니다." 나는 고개를 돌리고 혼잣말처럼 중얼거렸다. 그리고 다음 말을 이었다.

"전에 내가 알고 있다고 생각한 모든 것들이 실제로는 모른다는 뜻인가요? 내가 모두 날조한 것인가요? 그리고 다른 사람들이 알고 있다는 것 역시 모두 날조한 것인가요? 휴! 믿을 수 없는 일이군요."

"하지만…." 그가 깊이 심호흡을 하고 말을 하려고 하자 내가 급히 말을 잘랐다.

"잠깐만, 단순하게 생각합시다. '안다는 것'에 대해 이렇게 혼란을 느낀다면 '믿음'은 도대체 어디에 있는 것일까요?"

"그것은 에~, 내 이야기가 당신을 혼란스럽게 만들었나 봅니다. 믿음에 대한 당신의 정의는 당신이 믿고 있는 것이 진실이라는 것을 아는 것과 관련이 있습니다. 그렇죠?"

나는 동의의 뜻으로 고개를 끄덕였다.

그리고 위대한 네트워커가 다시 얘기를 시작했다. "나 역시 전에는 그랬습니다. 하지만 지금은 믿음의 또 다른 의미를 이해하고 있습니다. 나는 당분간 이 생각을 고수할 것입니다.

왜냐하면 나의 이 새로운 생각이 훨씬 더 강력한 힘을 지니고 있기 때문입니다. 내가 생각하기에 믿음은 두 부분으로 되어 있습니다. 우선 존재(Be)가 첫 부분인데 당신과 나는 이 부분에 대해 이미 많은 이야기를 나눴습니다. 성공을 성취하고 성공적인 일을 하기 위해서는 성공적인 사람이 되어야 합니다. 그렇죠?"

두 번의 질문에 대해 나는 고개를 두 번 끄덕였다.

"좋습니다. 이제 재미있으면서도 약간은 통찰력을 요하는 부분을 말하죠. 믿음의 두 번째 부분은 리프(lief)인데, 이것은 고대 인도 유럽어 리브(leubh)에서 유래된 것으로 그 의미는 바로 사랑(love)입니다."

"어떻게 생각합니까?" 위대한 네트워커가 물었다.

"그것은 믿는다는 것을 사랑한다는 의미 아닐까요?"

그러자 위대한 네트워커가 다시 물었다.

"만약 그런 뜻이라면 어떻게 되죠?"

"무엇인가를 믿기 위해서는 어떤 사실을 알아야 할 필요 대신, 그것을 사랑하면 되는 것이다 라는 말이 아닐까요? 내가 믿을 때 단지 그 개념을 사랑하면 된다? 그러면…."

내 말이 끝나고 한참 후에, 그가 내 생각을 유도하며 다음과 같이 말했다.

"인생은 대화입니다. 플라톤이 말했듯이 진리는 대화를 통해 밝혀지는 법입니다. 자, 지금 생각하고 있는 것들을 나에게 말하십시오."

"좋습니다." 나는 그의 끈질긴 인내력에 감탄하여 머리를 흔들면서 대답했다.

"나는 우리가 맨 처음에 만났을 때를 기억하고 있습니다. 당신이 나의 목표에 대해 물었지요. 그 때, 내가 대답했던 말이 생각납니다."

나는 '생각'이라는 말을 강조하면서 그 때, 내 이야기가 깊이 생각하여 말한 것이라는 점을 보여주기 위해 눈썹을 치켜올린 채 테이블 너머로 그를 쳐다보았다. 그리고 계속 했다.

"그 때, 목표를 성취할 수 있다고 믿지 않기 때문에 목표를 갖는 것이 쓸데없는 일이라고 말했던 것이 기억납니다."

"빙고!"

그는 뛸 듯이 기뻐했다.

"그러면 그런 생각이 당신의 잠재의식에 끊임없이 어떤 메시지를 전달했다고 생각합니까?"

"좋지 않은 거였죠." 내가 대답했다.

그러자 위대한 네트워커가 말을 이었다. "잠시 생각해 보세요. 목표도 꿈도 없이 단지 통속적인 관념에 빠져 꿈은 실현될 수 없다고 믿는 바람에 꿈을 실현시키지 못하는 사람이 얼마나 될 것이라고 생각하나요?

수년 전, 하버드 대학에서 실시한 어느 프로젝트에 의하면 미국 성인의 3%만이 목표를 글로 쓴다고 합니다. 하지만 나머지 97%의 사람들도 만약 꿈을 이룰 수 있고 이루어진다는 확고한 믿음을 가질 필요가 있다는 것을 안다면 미래를 위한 꿈을 글로 쓰는데 더 관심을 갖지 않을까요? 그들은 단지 꿈을 사랑하기만 하면 됩니다. 즉, 자신의 목표, 꿈, 사랑에 빠지는 것입니다."

나는 속으로 감탄 또 감탄했다.

나는 어느 새 생각의 소용돌이에 빠져들기 시작했다. 그리고 나의 목표를 사랑하는 것에 대해 생각하기 시작했다. 마치 이야기할 사람이 앞에 있는 것처럼. 이것은 정말 놀라운 일이었다.

자정 무렵이 되어서 우리는 히로시 식당을 나왔고 차를 향해 걸어가면서 그가 물었다.

"어떻게 해야 당신을 도울 수 있을까요?"

그는 기대에 찬 표정으로 나를 쳐다보았다.

나는 도움이 필요없다는 생각이 들기도 했지만 꼭 그런 것은 아니었다. 사실은 내가 정말로 원하는 것을 부탁하기가 어색

했던 것이다. 혹시 내가 요구한 것에 대해 그가 어떻게 생각할지 염려되었다. 즉, 거절당할까봐 두려웠던 것이다. 하지만 용기를 내서 나의 생각을 이야기했다.

그는 내 두 눈을 응시하면서 주의깊게 들었다.

"참 빨리 배우는군요. 당신이 생각하고 있는 것을 말해줘서 정말 고맙습니다."

나는 그가 재빨리 나를 안심시켜 주는 것에 놀랐다.

"결국 당신이 원하는 것은 뭐죠?"

그 질문을 받고 나는 그가 재빨리 나를 불편하게 만드는 것에 대해서도 놀라움을 금치 못했다.

"나의 스승이 되어 주십시오."

"기꺼이." 그가 즉시 말했다.

"정-말-입-니-까?"

나는 놀라서 말을 더듬거렸다.

"아니오, 거짓말입니다."

그리고 그는 호탕하게 웃었다. 그러더니 얼른 표정을 바꿔 이렇게 말했다.

"기꺼이 되어주고 싶습니다. 그것은 나에게 영광이죠. 그런데 내가 스승이 되면 나에게 바라는 것은 뭐죠?"

"비즈니스를 구축하는 법을 배우고 싶어요. 네트워크 마케팅 업계에서 당신처럼 승자가 되고 싶습니다. 세상에서 가장 위대한 네트워커가 되고 싶어요."

이 말끝에는 "이렇게 얘기해도 되는 것인지 모르겠군요" 라는 말이 숨겨져 있었다. 그는 마치 나의 마음을 읽기라도 한 것처럼 대답했다.

　"괜찮아요. 당신의 말을 오해하지 않습니다. 진정한 스승의 목표는 학생들이 스승보다 뛰어나도록 하는데 있습니다. 특히 네트워크 마케팅에서는 더욱더 그러합니다. 다운라인이 자신보다 더 성공적이길 원치 않는 스폰서는 스폰서가 아닙니다. 오히려 사기꾼에 가깝죠. 멘토(mentor;스승)라는 말이 어디에서 유래되었는지 아십니까?"

　그는 내차 문을 열어주면서 물었다.

　"전혀 모르겠는데요.… 잠깐!"

　나는 대학시절의 희미한 기억을 떠올리며 소리를 질렀다.

　"오디세이아, 오디세우스-율리시즈, 멘토가 왕이었던가요?"

　"비슷합니다. 스승은 오디세우스의 카운슬러이자 믿을 수 있는 친구였습니다. 그는 오디세우스의 집과 가족을 지키려고 트로이전쟁에 출정하는 대신 뒤에 남았죠. 우리는 그리스인과 호머 덕택에 스승이나 조언자의 개념을 이해하게 되었고요. 멘토의 또 다른 의미는 '생각하다' 라는 의미를 가지고 있는 'mental' 에서처럼 어근 'men' 과 관련이 있습니다. 재미있죠?"

　"그렇군요. 결국 그 말은 '나의 스승으로서 나를 생각하게 만든다' 는 뜻인가요?"

　"어느 정도까지는 당신이 무엇이든 하도록 만들 수 있습니다. 하지만 한 가지 부탁이 있어요. 서로의 생각을 이야기하기로 합시다. 나는 우리의 삶 전체가 '대화' 라는 확신을 갖고 있습니다."

"좀더 설명해 주세요."

"그러죠. 하지만 지금은 너무 늦은 시간인 것 같군요."

"그렇군요."

"가기 전에 한 가지만 더…."

그는 열려진 차창에 기대며 말했다.

"스승에게 필요한 주제는 한 가지뿐입니다. 적어도 당신의 스승이 되기 위해 관심을 갖고 실천해야 하는 분야는 한 가지인 것입니다."

"예?"

"삶의 목표대로 사는 것입니다. 그 밖의 모든 것은 여기에서 비롯되죠. 꿈, 비전, 가치, 비즈니스 목적 모두가 삶의 목표에 닻을 내리고 있습니다. 어떤 도전에 직면했을 때, 바로 그 목표가 당신을 끝까지 안내할 것입니다. 그리고 기회가 왔을 때, 삶의 목표에 맞는 가장 좋은 길을 선택하게 될 것입니다.

또한 삶의 목표가 당신을 아침마다 침대에서 일으켜 세우는 것이지요. 목표는 성취도를 재어보는 척도이자 당신이 달려야 할 트랙이며 트랙을 벗어났을 때, 되돌아와야 할 곳이기도 합니다."

"알겠습니다."

"그리고 내가 기억하는 바로는 당신의 삶의 목표는 '스승이 되는 것'으로 알고 있습니다만, 사람들이 삶의 목표대로 살도록 가르치는 스승. 그렇죠?"

"물론입니다."

"그러면 결국 난 스승의 스승이 되는 거죠. 그렇지요?"

"생각해 보니까 그렇군요."

나는 고개를 끄덕이며 대답했다.

나는 그가 나의 목표를 기억하고 있다는 사실이 무척 기뻤다.

"아주 좋아요!"

그가 즐겁게 소리를 질렀다. 그리고 트럭에 훌쩍 올라타고는 어둠 속으로 사라졌다.

story ❷

만약 당신이 내가 아는 것을
알고 있다면…

그 다음 날, 위대한 네트워커와 전화통화를 한 나는 토요일 아침에 그의 강연행사장에 같이 가기로 약속하였다.

그 곳은 우리 집에서 자동차로 한 시간 정도 걸리는 위치에 있는 강연장으로 10시부터 열리기로 되어 있었고, 우리는 한 시간 전에 미리 도착해야 하기에 8시에 만나기로 했다.

그날 도시가 잠에서 깨어나는 소리를 들으며 나는 8시 15분 전에 밖에 나가 그를 기다렸다. 내가 건설장비나 쓰레기차 소리가 들리는 곳보다는 자연의 소리가 들리는 곳에서 살고 싶다는 소망을 꿈꾸고 있을 때, 그가 큰소리로 인사를 건넸다.

"좋은 아침입니다!"

나는 순간적으로 회색 트럭을 찾아 주위를 두리번거렸지만, 그런 차는 보이지 않고 둥근 버그아이 헤드라이트가 장착된 번쩍이는 검정 메르세데스 곁에 그가 서 있었다. 그리고 그가 옆자리에 타라고 손짓을 하는 동안 나는 인사를 했다.

"난 회색 트럭만 찾고 있었습니다."

"그랬군요?"

"네. 아주 멋진 차군요."

"제가 소유하고 있는 것 중에서 가장 좋은 것입니다. 안전하기도 하구요."

"무슨 모델인가요?"

"E320입니다. 하지만 나는 E420을 갖고 싶습니다."

그는 시동을 걸면서 말했다.

"이 차는 6기통이고 E420은 8기통이죠. 하지만 내 차는 튼튼한 4륜구동입니다. 겨울에는 4륜구동이 좋은데 420은 4륜구동이 아니지만 그래도 8기통의 넘치는 힘을 느껴보고 싶습니다."

"이 차도 너무 좋은데요. S급인가요?"

나는 수많은 전문가들이 S급 메르세데스를 세계에서 가장 좋은 차로 여긴다는 것을 어디선가 읽었던 기억이 나서 물었다. 그렇다면 그 차야말로 세상에서 가장 훌륭한 네트워커가 몰아야 할 차일 것이라고 생각했던 것이다. 그리고 그가 가장 아끼는 픽업 트럭이 생각났다.

"아뇨. E급입니다."

그가 씩 웃으며 대답했다.

"S급은 엄청나게 비싸지요. S급 한 대 값이면 내 차에다 BMW 오토바이 한 대를 더 살 수 있습니다. 그리고 S급 차의 모양은 별로 마음에 들지 않습니다. 차체에 너무 많은 장식이 달려 있거든요. 그래서 나는 이 차에 만족합니다. 딱 한 가지만 빼고요."

그는 잠깐 쉬었다가 말을 이었다.

"색이 마음에 안 들어요."

"왜죠? 내가 보기엔 멋져 보이는데."

"검정색은 쉽게 더러워지기 때문에 늘 청소를 해야 합니다. 먼지나 작은 얼룩까지도 표가 나거든요. 게다가 작은 흠집도 금방 알아보게 되죠. 사실, 나는 자동차의 흠집에 굉장히 민감하거든요. 원래 사고 싶었던 은색을 샀어야 하는데 레베카의 의견을 따르다가 그만 …."

레베카는 그의 딸이었다.

"어쩌다가…."

"내 실수였죠. 딸애가 검정색은 섹시한데 은색은 노인색깔이라고 하더군요. 그래서 딸애에게 나는 노인이라고 했지요. 어때요. 난 지금 제한속도를 넘지 않고 규정 속도를 지키고 있는데, 정말 노인이 맞죠?"

우리는 함께 웃었다.

"은색(silver)이라…." 그는 혼자 중얼거리듯 말했다.

"다음 차는 은색으로 할 생각입니다. 하지만 나쁜 소식은 아마도 5년 이상은 검정색 차를 몰아야 한다는 것입니다. 이 차는 잘 만들어졌기 때문에 수명이 아주 오래 갈 것 같습니다."

"네, 그렇군요."

"그래도 은색 차는 꼭 살 겁니다."

"나는 당신이 꼭 은색 차를 살 수 있을 것이라 생각합니다."

나는 웃으면서 말했다. 그리고 계속해서 말을 이었다.

"오늘 당신이 경쟁회사의 그룹들을 대상으로 연설을 하려는 이유는 뭡니까? 뭔가 모순이 있는 것 아닙니까?"

"물론 그럴 수도 있지요. 하지만 나는 개의치 않습니다. 그것은 나에게 있어 그다지 중요한 것이 아니거든요. 코셔(kosher)핫도그 회사가 했던 멋진 광고를 알고 있나요? 이름이 뭐였더라?"

"혹시 '우리가 더 높은 권위자이다' 라고 말하는 랍비(유태교 신자) 사진 광고 말씀이십니까?"

"그래요. 그것과 마찬가지입니다. 이 업계의 많은 회사들과 리더들은 상호교류 모임은 고사하고 상호교류 자체가 불가능한 것이라고 생각합니다. 하지만 나는 그 생각에 동의하지 않습니다."

그리고 그는 그룹의 시스템 보전에 대해서 어떻게 생각을 하고 있는 지, 나에게 물었다.

" [업라인(Upline)]지를 비롯하여 많은 책에서 상호교류를 해서는 안 된다고 주장하는 것을 읽은 적이 있습니다. 그들은 '시스템이 곧 해결책'이기 때문에 타 그룹의 시스템에 관여하면 안 된다는 논리를 폅니다. 왜냐하면 시스템만이 복제가능하기 때문이죠." 내가 답했다.

"그리고 보니 당신은 꽤 식견이 있군요. 사업을 그만두려 했던 게 언제였더라? 일 주일? 며칠 전?"

그는 부드럽게 웃으며 나를 쳐다보았고 나는 쑥스러워 머리를 저으며 웃었다.

그리고 다시 말을 이었다.

"지금부터 내가 하고자 하는 일과 이 사업의 전체시스템에 대해 설명하겠습니다. 먼저 시스템부터 설명하지요. 나는 사람들에게 사업구축 방법을 따라 하지 말라고 가르친 적은 없습니다. 그것은 직계 업라인 스폰서와 다운라인간의 문제입니다.

하지만, 어떤 제품이나 보상플랜에서 성공적인 결과를 거두었던 시스템을 다른 제품이나 보상플랜에 적용하면 실패하기도 하지요. 따라서 나는 어느 특정 회사 시스템이나 다운라인 시스템을 겨냥하여 마찰을 일으키고 싶은 생각은 추호도 없습니다.

회사나 사업자들이 시스템을 생성, 성장, 발전시키기 위해 얼마나 노력하고 있는데 내가 함부로 그러한 시스템을 두고 왈가왈부할 수 있겠습니까?

사업을 성공적으로 구축하는 방법을 설명하는 데에는 한 나절이면 충분합니다. 나는 사업구축방법을 교육하는데 한 시간 내지 한 시간 반 이상을 하지 않습니다.

내가 가장 흥미를 갖고 있는 부분은 '왜' 그리고 '누구' 에 대한 것입니다. 사람들은 각기 개성이 다릅니다. 그러므로 나는 사람들이 판매하는 제품이 통신 서비스이든 건강 보조식품이든 아니면 화장품 혹은 웹사이트이든 상관하지 않습니다. 또한 보상플랜 방식이 브레이크어웨이, 유니레벨, 바이너리…. 그 어떤 것이라도 상관없습니다."

나는 그의 마지막 말에 웃지 않을 수 없었다. 그가 말하고자 하는 것을 이해했기 때문이다. 그는 계속 말을 이었다.

"내가 교육하는 것은 '누가' 이 사업에서 성공할 것인가 하는 것입니다. 그것은 나에게도 중요하지만 당신에게도 역시 중요합니다. 아니, 이것은 모든 사람들이 알아야 할 사항입니다.

하지만 이것에 대해 제대로 알고 있는 사람은 거의 없습니다. 어디까지나 이 사업은 인간관계로 이어지는 사업입니다."

그는 내가 이해했는지 어떤지 살피기 위해 나를 쳐다보았다. 하지만 내 표정에서 미흡한 구석을 발견했는지 계속해서 말을 이었다.

"혹시 경영관련 책자에서 '이윤추구'나 '제품지향'이라는 말을 본 적이 있습니까?"

나는 그렇다고 대답하고 벤자민 프랭클린이 말했던 '자신의 비즈니스를 몰아가라. 그렇지 않으면 비즈니스가 자신을 몰아갈 것이다'라는 말을 인용했다.

"훌륭합니다! 그러면 벤자민의 말을 '자신의 비즈니스를 이끌어라. 그렇지 않으면 비즈니스가 자신을 이끌어갈 것이다'라는 말로 바꾸면 어떨까요?"

내가 선뜻 대답하지 못하고 머뭇거리자 그가 이렇게 말했다.

"몰아가는 것과 이끌어가는 것의 차이점을 설명하지요. 조우 배튼이라는 사람에 대해 들어본 적이 있나요?"

"아뇨, 없습니다."

"배튼은 대중연설의 대가입니다. 그는 국립 연설가협회의 회원이자 베스트셀러 〈강력한 리더십〉을 쓴 사람이기도 합니다. 몇 해 전, 그는 35명의 회사대표와 모임을 갖게 되었습니다. 그는 그 자리에서 '여러분 중에서 회사의 리더는 몇 명이나 되나요?' 라고 물었습니다. 그리고 모든 사람들이 손을 들었습니다. 그러자 배튼은 웃으며 말했습니다. '그러면 여러분과 이야기를 나눈 후에 같은 질문을 하도록 하지요.' 그리고 배튼은 이야기를 시작했습니다.

'중동에 두 나라가 국경을 맞대고 있었습니다. 그 두 나라는 각각 커다란 양모와 양고기 산업이 발달해 있었는데, 문화에 대한 시각이 근본적으로 달라 서로 적대관계에 있었습니다. 사실 그 두 나라는 그 동안 여러 번 전쟁을 치렀고 지금도 싸우고 있습니다.

두 나라 중 한 나라에서는 양치기들이 양떼 뒤에서 걷습니다. 그리고 또 다른 나라에서는 양치기들이 양떼 앞에서 걷습니다. 이것은 실제로 있는 일입니다. 그런데 양치기들이 양떼 뒤에서 걷고 있는 나라에서는 양고기와 양모의 질이 안 좋았고 그로 인해 별다른 이익을 얻지 못했습니다.

하지만 양치기가 양떼 앞에서 걷고 있는 나라에서는 양고기와 양모의 질이 매우 우수하여 많은 이득을 보았습니다.'

그리고 나서 배튼은 사람들에게 질문을 하였습니다. '왜 그럴까요?' 그러나 대답한 사람은 아무도 없었습니다. 그래서 배튼이 설명했습니다.

'양치기가 뒤에서 걸으며 몰고 밀고 꾸짖으며 항상 감시를 받는 양떼의 어린양들은 무리에서 이탈하면 막대로 머리를 맞거나 양치기 개들에게 혼날까봐 두려워하며 자라납니다. 더구나 이 양들은 더 나은 풀과 물을 찾아 나서거나 같은 또래의 어린양들과 어울려 놀 틈이 없습니다.

따라서 이 양들은 고분고분하고 수동적이며 냉담해지죠. 이렇게 자라난 양들은 모든 자생력을 잃어버리고 또한 건강하지도 못한데, 그 이유는 항상 쫓겨 다녔기 때문입니다.

양치기들이 양떼 앞에서 걷는 나라에서는 어린양들이 무리에서 벗어나 놀기도 하고 새로운 경험도 하면서 무리를 따라갑니다. 이 양떼들은 통제당하고 억압당하며 저지 및 구속당한다는 느낌 없이 자유롭게 마음대로 할 수 있습니다. 따라서 이 양들은 더 많이 먹고 더 깊은 잠을 자며 크고 건강하게 자라나는 것입니다. 왜냐하면 이들 양들은 인도되었기 때문입니다.'

배튼은 이야기를 마치고 그 자리에 모인 중역들에게 '진정한 지도자'임을 확인하는 질문을 했습니다. '여러분 중에서 사실 몇 명이나 회사의 리더입니까? 그 질문을 받고 단 한 사람도 손을 들지 못했다고 하더군요. 아까도 말했지만 네트워크 마케팅은 사람들의 '관계'를 이끄는 사업입니다. 내가 이 사업에 몸담고 있는 동안 누가 이 업계를 이끌어갈까요? 회사입니까 아니면 리더입니까?"

"물론 회사죠."

내가 대답했다.

"땡! 틀렸습니다. 하지만 오늘날의 사업방식 측면에서 본다면 당신의 말이 맞을 수도 있습니다. 하지만 중요한 것은 사업방식이 아닙니다. 이 사업은 어디까지나 사업자들이 이끌고 가는 사업인 것입니다. 사업자가 없으면 네트웍 망도 없고 제품의 이동도 없습니다. 그리고 제품의 이동이 없으면 회사도 없습니다.

당신과 나는 독립계약자로서 네트워크 마케팅의 전문가입니다. 그리고 회사는 도매공급자들입니다. 즉, 회사는 판매상인 것입니다. 우리는 회사의 상품과 서비스를 구입해서 소비자들에게 소매판매하거나 판매에 대한 커미션을 받습니다. 즉, 우리는 계약에 따라 회사의 제품을 이동시키는 것입니다. 당신이 이 사업에 참여할 때 했던 계약을 기억합니까?"

"네."

"나 또한 분명히 기억합니다. 나는 회사의 직원이 아니라 회사를 소유하고 있는 자유기업의 대표입니다. 그 회사는 회사의 것이 아닙니다. 나의 것입니다."

그는 계속했으며 강한 확신으로 다음과 같이 말했다.

"이 문제는 내가 진심으로 열정을 가지고 있는 부분입니다. 몇 년 동안 나는 네트워크 마케팅 회사의 중역들이 '주객이 전도되어서는 안 된다'라고 말하는 것을 들어왔습니다. 그렇지만, 누가 주인이고 누가 객입니까?"

"이해합니다."

말은 그렇게 했지만 사실 나는 그의 강력한 어조에 약간 움찔 했다. 그러한 나의 기분을 감지했는지 그가 웃으며 말했다.

"미안합니다. 이 이야기만 나오면 항상 흥분하게 되는군요. 그래서 나는 세계적인 디스트리뷰터 협회를 창립하기로 반쯤 결심을 굳혔습니다. 나는 우리에게 협회가 꼭 필요하다고 생각합니다.

네트워크 마케팅을 하고 있는 북아메리카의 2천만명 중에서 일부라도 똑같은 목소리를 낸다고 상상해보세요. 우리가 못할 것이 무엇이 있겠습니까?

사람들에게 '말하는 방법'을 진실로 알고 있는 사람이 백만명 정도가 있어서 의사소통력과 설득력을 지니고 있다면, 다음 대통령 선거에 무엇을 성취할 수 있다고 생각합니까? 아마도 깜짝 놀랄 것입니다."

그리고 그는 박장대소를 터뜨렸다.

물론 그가 옳았다. 하지만 정치적 일격을 넘어 성공을 거둔 일단의 네트워크 마케팅 사업자들이 이 사업에서 배운 것을 서로 나누게 된다면 어떻게 될까? 그리고 아직 성공하지 못한 사람들과도 함께 나눌 수 있다면? 나는 이 업계의 리더들이 멋진 호텔에 모여 잘된 점과 잘못된 점을 토론하고 새로운 아이디어를 모색하며 개선방안을 의논하는 장면을 상상해 보았다.

그야말로 그것은 한 폭의 그림이었다. 만약 그렇게 된다면 머리를 써서 부자가 되어라(Think and Grow Rich)〉의 저자 나폴레옹 힐이 꿈꿔 왔던 세상이 실행되는 것이다. 하지만 그 규모는 깊은 통찰력을 지녔던 나폴레옹이 생각했던 것보다 훨씬 더 방대할 것이다. 이런 생각을 하면서 나는 가슴이 쿵쾅거리는 소리를 들을 수 있었다.

"어디까지 얘기했죠?"

그가 이렇게 말하는 바람에 나도 상상에서 깨어나 현실로 돌아왔다.

"아! '관계'에 대해서였지요? 이 사업은 관계에 의해서 인도됩니다. 네트워크 마케팅에서 관계란 업라인과 다운라인의 만남을 의미합니다. 그것은 우리가 함께 타고 있는 열차이며 또한 교육해야 할 부분이기도 합니다.

즉, 다른 사람들과 빨리 그리고 깊게 관계를 형성해 가면서 상대방에게 중요한 문제들을 처리해 나가는 방법을 교육하는 것이지요.

만약 당신이 50주 동안 매주 한 사람씩 새로운 관계를 형성했다면, 2주 정도는 생산력을 높이기 위해 푹 쉬십시오. 그래도 1년이나 2년이 흐른 후에 당신은 거대하고 성공적인 네트워크 마케팅 조직의 꼭대기에 올라 있을 것입니다. 지난 주 모임에 몇 사람을 데려왔지요?"

"제가 3명을 데려오고 그 중 두 사람이 각각 한 명씩 손님을 데리고 왔으니까 모두 다섯 명입니다."

"전에도 손님을 데려온 적이 있나요?"

"20명 이상이나 초대했지만 아무도 나타나지 않았습니다. 그림자조차 비치지 않더군요."

"이 업계에서 얼마나 일했죠?"

"넉달입니다."

"지난주에 온 사람들 중에서 두 명은 이미 당신의 후원으로 이 사업에 참여했습니다. 그렇죠?"

"네 그렇습니다."

"지금은 어떤가요? 뭐가 달라졌나요?"

솔직히 나는 그 점에 대해 생각해 보지 않았기 때문에 생각한 바가 없노라고 대답했다.

"지금 생각하세요. 그리고 당신이 어떻게 했는지 말해 보세요."

"글쎄요." 나는 재빨리 지난주에 내가 후원했던 두 사람과 그들이 데려온 손님들에 대한 기억을 떠올렸다.

"말해 보세요."

내가 머리 속을 휘젓고 있는 동안 그가 끼어들면서 말했다.

"내가 그들을 만났을 때 무엇을 했는지 지금 생각하고 있는 중입니다."

"좋아요. 그것들을 나에게 설명해 보세요."

"나는 그 두 사람과 함께 점심을 먹었습니다. 그것은 전에도 자주 있었던 일이죠. 우리 세 사람은 함께 일을 하거든요. 보통 우리는 사무실에서 이야기를 주고받았습니다."

"좋아요. 이번에는 당신의 대화에서 어떤 면이 달라졌나요? 어떤 일이 생겼죠?"

"글쎄요. 우리 사무실 옆에 괜찮은 레스토랑이 하나 있는데, 우리는 보통 그 곳에서 점심을 먹습니다. 그 식당의 음식은 맛있고 빨리 나오는데다가 편리하고 깨끗합니다. 처음에 나는 에밀리와 함께 앉아서 그녀에게 말을 걸기 시작했습니다."

"누가 가장 많은 질문을 했나요?"

"내가 가장 많이 했습니다."

"그것이 다른 점인가요? 그녀에게 질문하는 것이?"

"그런 것 같습니다."

내가 애매모호하게 대답하자 그는 끈기있게 물었다.

"그것이 달랐나요? 전혀 다르지 않았나요?"

"달랐습니다. 분명히 달랐습니다. 전에는 그렇게 많은 질문을 던진 적이 없었습니다."

"이야기 하나 할까요?"

"좋습니다."

"몇 년 전, 리처드라는 내 친구가 이런 이야기를 들려주었습니다. 이것은 내가 좋아하는 이야기 중의 하나인데 어느 프로젝트를 연구하던 정신과 의사에 관한 실화입니다.

어느 날, 그 정신과 의사는 뉴욕에서 로스앤젤레스까지 가는 일등석 비행기표를 샀습니다. 왜냐하면 그가 연구하던 프로젝트는 비행기의 옆 좌석에 탄 사람이 비행기에 타고 있는 6시간 내내 대화를 하도록 만드는 것이었기 때문입니다. 이 때, 정신과 의사는 질문을 하는 것 이외에는 절대로 이야기를 해서는 안 됩니다. 이해가 됩니까?"

나는 그렇다고 대답했다.

"그리고 비행기가 L.A.에 도착하자 그 정신과 의사는 자신의 연구팀에게 옆 좌석에 탔던 사람을 인터뷰하도록 했죠. 여기서 그 정신과 의사는 그 사람에게 질문만 했다는 점을 기억하십시오.

이 연구에서 두 가지의 중요한 결과가 도출되었습니다.

첫째, 알지 못하는 사이에 실험대상이 되어 버린 그 사람은 정신과 의사의 이름을 몰랐습니다. 이것으로 정신과 의사가 질문하는 것을 제외하고는 아무런 정보도 주지 않았다는 것이 입증된 셈입니다.

둘째, 6시간 내내 질문만 받은 그 사람은 '그 정신과 의사가 자신이 평생 만나본 사람 중에서 가장 매력적인 사람'이라고 했다는 것입니다."

"정말 놀랍군요!"

"그렇죠?"

"혹시, 당신도 그렇게 질문한 것은 아닙니까? 당신이 알고 있는 가장 매력적인 사람이 혹시 당신 자신이 아닙니까?"

"글쎄요, 생각을 해 봐야겠는데요…."

"압니다. 당신은 겸손하고 예의바른 사람이라 자신이 매력적인 사람이라고 정직하게 시인하는 것이 어려울 것입니다."

"하하, 글쎄요."

"그렇다면 지금부터 내가 당신의 생각을 책임지겠습니다. 당신은 매력적인 사람입니다. 우리는 모두 자기 자신에게 매력적인 사람입니다. 우리는 아주 어렸을 때부터 스스로에 대해 잘 알고 있었고 평생 그럴 것입니다. 우리는 함께 살면서 함께 일하고 함께 잠자고…."

우리는 둘 다 웃었다.

"그래요. 우리가 진실을 말할 때, 우리는 우리 자신이 매력적이라는 것을 알게 됩니다. 그리고 당신이 예비사업자들에게 그들은 누구이고 어떤 일을 어떻게 하고 싶으며 그들의 사기를 진작시키는 것은 무엇인지, 또한 사기를 떨어뜨리는 것은 무엇인지, 미래에 무엇을 하고 싶어하는지 물어본다면 그들은 당신을 가장 매력적인 사람이라고 생각할 것입니다.

그리고 곧바로 당신을 좋아하게 되겠죠. 그러면 당신은 그들과 인간적인 관계를 맺고 친구가 됩니다. 왜냐고요? 그들이 가장 좋아하는 주제에 대해 당신이 관심을 갖고 있기 때문입니다. 그들은 당신과의 관계를 개인적인 친분관계로 받아들일 것입니다. 이해가 됩니까?"

"물론입니다."

"네트워크 마케팅은 사람들에게 그들이 누구이며 진정으로 중요하게 생각하는 것은 무엇인지 물어보는 사업입니다. 그러므로 상대방의 이야기를 창의적이며 개방적으로 듣는 기술이 무엇보다 필요합니다. 그렇게 함으로써 다른 사람들과 빨리 그리고 깊게 유대관계를 형성하게 되는 것이죠. 이것은 단순히 '어떻게 유대관계를 형성하느냐'의 문제가 아니라 '누가 유대관계를 형성하는가'의 문제입니다. 그리고 당신이 '관계' 그 자체가 되어야 합니다.

앞서 내가 말했던 것처럼 당신이 정말로 해야 할 일은 이 사업에서 멋지게 성공하는 것입니다. 이제 에밀리와 유대 관계를 맺으면서 그녀에 대해 발견한 것을 말해 보세요."

"그녀는 학교에 가고 싶어하더군요. 학위를 받지 못하면 더 이상 승진할 수 없다고 생각하고 있었죠. 그녀는 무척이나 리더가 되고 싶어했습니다. 그리고 딸을 사립학교에 넣고 싶어했습니다. 딸이 무척 똑똑한데도 불구하고 그녀가 사는 동네에는 사립학교가 없어서 공립학교에 보냈다고 합니다. 그런데 그 학교에서는 그녀의 딸아이가 괴롭힘을 당하고 있는데도 선생님이 전혀 신경을 쓰지 않는다고 불평하고 있었습니다. 게다가…."

나는 에밀리와 샌디 그리고 사장, 봅과의 미팅에서 일어난 일들을 모두 그에게 말했다. 그 때마다 그는 매 사건을 상세하게 설명해줄 것을 요구했고 특히 우리가 나눈 대화에 대한 그들의 생각이나 감정의 원인이 무엇인지 명확히 알고 싶어했다.

그가 가장 깊은 관심을 보인 것은 내 동료들의 가치관이었는데, 그것을 좀더 명확히 파악하기 위해 나에게 계속 질문을 던졌다. 그래서 내가 물었다.

"왜 그렇게 가치관을 중요하게 생각하는 거죠? 우리가 처음 만났을 때에도 당신은 계속해서 나의 가치관에 대해 질문을 했었죠. 왜 입니까?"

"그것은 우리의 모든 관계가 가치관에 기초하기 때문입니다. 우리가 어떤 사람과 가치관을 공유할 때, 우리는 곧바로 그 사람에 대해 친밀감을 느끼게 됩니다. 그 자리에서 곧바로 말입니다. 낯선 사람이라는 감정은 우리가 아직 그 사람의 가치관을 모를 때 느끼게 됩니다.

하지만 때로는 가치관이 전혀 다른 사람에게서 매력을 느낄 경우도 있습니다. 그것은 음양이나 남녀처럼 완전히 상대적인 것에서 더욱더 매력이 커집니다. 특히 상대방의 가치관을 본

인도 갖고 싶을 때는 더욱더 그럴 것입니다.

예를 들어 내 친구 리처드는 시간을 즐기는 타입입니다. 할 수만 있다면 리처드는 평생을 놀면서 지내려고 할 것입니다. 워터 스키, 제트 스키, 골프, 번지점프, 보트, 스카이다이빙, 스쿠버다이빙… 등 즐길만한 것은 무엇이든 할 것입니다.

하지만 나는 천성적으로 모험이나 위험을 즐기는 타입은 아니지요. 육체적인 운동은 그다지 좋아하지 않습니다. 그러나 나도 즐겁게 놀고 싶고 새로운 일도 해보고 싶습니다.

나는 테니스 치는 것을 좋아하고 현재 골프를 배우고 있습니다. 그 밖에도 많은 것을 해보고 싶습니다. 그래서 기회가 있을 때마다 리처드를 만납니다. 매년 최소한 일주일 내지 열흘 정도는 리처드와 그의 아내 리손이 살고 있는 아이다호 호숫가에서 지내기도 합니다. 그 이유는 리처드가 나를 즐겁게 해주기 때문입니다. 그리고 나는 그의 가치관을 배우고 싶습니다.

우리는 많은 가치관을 공유하고 있죠. 리처드는 리더이며 네트워크 마케팅 회사의 대표이사입니다. 또한 비전 및 동기부여와 관련된 책을 저술하였는데, 대표적인 것이 〈마하 2의 속력으로 달려라〉입니다.

그에게는 놀라운 위엄과 깊고 영원한 사랑이 있으며 특히 사람들과의 약속을 잘 지킵니다. 어떤 경우에도 그는 절대적으로 믿고 의지할 수 있는 파트너이며 네트워크 마케팅에서 그보다 더 현명하고 예리한 식견을 가진 사람은 없을 것입니다.

그 모든 가치관이 우리의 유대관계를 형성하는 것입니다.

나는 리처드를 좋은 친구라고 생각하며 그를 사랑합니다. 그리고 우리의 관계와 우정은 가치관에서 비롯된 것입니다. 이제 이해가 갑니까?"

"예, 충분히 이해가 됩니다."

나에게도 리처드와 같은 친구가 많이 생겼으면 좋겠다는 생각을 하면서 나는 이렇게 대답했다.

"파트너와 나는 서로를 존경하고 가치관을 공유합니다. 그것이 바로 우리 관계의 초석입니다."

"예, 좋습니다. 내가 설명한 가치관의 조화는 네트워크 마케팅 사업에서 예비사업자를 찾을 때 반드시 필요한 부분입니다. 당신은 한 마디로 사업파트너를 찾는 것입니다. 당신이 믿을 수 있고 즐겁게 어울려 일할 수 있으며 또한 서로 가르치며 배울 수 있는 사람 말입니다."

"매우 이상적이군요."

"그런데 왜 많은 사람들이 만족스럽지 못한 관계에 안주하려 하는지…."

"맞아요."

"슬픈 일이지만 이 업계에 종사하는 대부분의 사람들은 가치관의 조화를 이루지 못하고 있습니다. 그들은 돈을 쫓는 사람들일 뿐이지요. 즉, 숫자게임을 벌이는 사람들입니다. 이런 사람들은 깨끗이 잊어버리고 성실한 사람을 찾으십시오. 그들의 사인을 받고 함께 일해 보십시오. 실패한 네트워커들을 보면 대부분 그릇된 동기가 수십 가지는 됩니다."

후원자란 다운이 사랑하고 다운을 사랑해주는 유일한 사람이다. 그릇된 그것은 말이 안 된다. 나는 속으로 이렇게 생각했다. 그것은 사실이 아닐 것이다. 아니, 사실이 아니길 바란다.

그 일은 힘이 드는가? 아니다 사람을 사랑하는 일을 두고 어떻게 힘들다고 할 수 있는가? 그러나 그 순간, 나는 타당한 이유를 찾아내지 못하고 있었다. 단 한 가지를 제외하고는….

나는 생각에 잠겼다.

사람들이 나를 좋아할까?

내 생각이 궁금하다는 표정을 짓고 있는 그를 보면서 방금 내가 했던 생각을 그에게 이야기했다.

"아, 그 생각…! 참 좋군요."

도대체 뭐가 좋다는 말인가? 나는 그것이 의아스러웠지만 묻지는 않았다.

"당신은 작품입니다. 정말 대단합니다! 당신은 그야말로 에덴동산 시절부터 끊임없이 인간을 괴롭혀 왔던 그 원인의 맥을 짚은 것입니다.

짐작컨대 그 원인은 바로 원죄의식에 있습니다. 적어도 그 이론은 중요한 여러 이론 중의 하나입니다. '사람들이 나를 좋아할까?' 라고 생각하는 것은 그 만큼 당신이 선하거나 충분치 못하다는 인식에서 비롯된 것입니다. 그렇지 않습니까?"

나는 고개를 끄덕였다.

우리는 한동안 아무 말 없이 앉아 있었다. 나는 오른쪽 창 너머로 나무들이 흐릿하게 스쳐 지나가는 것을 바라보았다. '난 별로야, 난 별로야, 난 별 볼일 없는 놈이야' 나는 속으로 이렇게 되뇌었다. 그 때, 그가 일부러 침묵하고 있다는 생각이 들어 그에게 일부러 말을 하지 않는 것이냐고 물어보았다.

"네에~. 입을 다물고 있어야 할 것 같아서요."

그가 웃었다.

"당신에게 좋은 소식이 있습니다. 들어 볼래요?"

그가 내 얼굴을 돌아보며 물었다.

"좋습니다!"

"당신은 결정했습니다."

"무슨 뜻이죠? 무엇을 결정했다는 것입니까?"

"스스로를 별 볼일 없는 사람으로 결정했습니다."

"결정했다고요?"

나는 그 말이 사실인지 아닌지 단순한 말장난인지 알지도 못한 채 그 말을 반복했다.

"우리가 했던 '세상에서 가장 불편한 훈련'을 기억합니까?"

"물론이죠."

"그렇다면 당신 자신이 별 볼일 없다는 것은 어떻게 알았나요?"

잠시 침묵이 흘렀다.

"내가 그렇게 마음먹었기 때문입니다."

나는 그제야 내 생각은 내 결정에 따라 달라진다는 것을 깨닫기 시작했다.

"하지만 좋지 않은 소식도 있습니다."

그가 나의 생각을 가로막으며 말했다.

"그게 뭔데요?"

"만약 당신이 나와 같다면, 사실 나는 당신이 나와 같다고 생각하고 있습니다만, 아마도 지속적인 사고습관이 형성되기까지는 수 백 번, 아니 수 천 번의 마음의 결정을 내려야 할지도 모릅니다."

나는 그 말이 옳다는 생각에 신음소리를 냈다.

"하지만 평생동안 스스로를 별 볼일 없는 놈이라고 자학하면서 사는 것보다 낫네요."

"그렇습니다. 그리고 그러한 균형의 눈금을 바꿀 수 있는 방법이 한 가지 있습니다. 기억납니까?"

"예."

나는 지난 주말에 그에게 들었던 잠재의식 속의 저울을 기억해냈다. 그 저울은 긍정적인 사고와 부정적인 사고의 무게를 재는 저울인데 대부분의 경우 부정적 사고의 무게가 더 나가는 것으로 나온다.

"저울의 눈금을 바꿔서 자기 자신은 정말로 괜찮은 사람이라고 스스로 인식하도록 만들 수 있는 방법이 있습니다."

"아, 그렇군요?"

"자기 암시에 대해서는 어떻게 생각합니까?"

"어리석다고 생각합니다."

"좋은 의견입니다. 하지만 그러한 생각을 바꾸고 싶지는 않나요?"

"바꾸고 싶습니다. 그렇게 하겠습니다."

"자기 암시란 하나의 긍정적인 선언입니다. 나도 한 때는 자기 암시를 두고 어리석은 짓이라고 생각했었습니다. 하지만 자기 암시를 할 수 있다는 것을 깨달은 후부터는 자기 암시에 대해 단지 거부감을 가지기보다는 자기 암시를 나 자신에게 유익하게 이용하기로 결심했지요. 그렇게 생각을 바꾸고 나서 인지학 연구가들이 실제로 자기 암시는 효과가 있으며 더 나아가 왜, 어떻게 효과가 있는지를 설명하기 위해 두뇌의 화학작용에 대해 열심히 연구하고 있다는 사실을 알게 되었지요.

내가 '웃음'에 대해 설명했던 것을 기억합니까? 자기 암시도 이와 마찬가지입니다. 즉, 자기 암시에서도 웃음과 유사하게 두뇌의 화학작용과 전자충격이 이루어지는 것이죠. 어쨌든 자기 암시는 정신훈련을 위해 긍정적으로 이용할 수 있는 방법입니다.

이것은 대부분 잠재의식을 통해 이루어지는데 부정적 사고를 몰아내고 그 대신 본인에게 힘을 줄 수 있는 사고를 갖게 하는 것이지요. 만약 나의 경험 이외에도 나의 이야기를 뒷받침해 줄 수 있는 연구결과를 보여준다면 자신을 낙담시키기보다는 힘을 북돋우도록 마음을 훈련시킬 수 있다는 생각에 동의하겠습니까?"

"물론입니다."

"좋습니다. 여기를 보세요."

그는 자동차 앞 유리창 왼쪽 아래 귀퉁이를 가리켰다.

"그 자리에서 이것을 볼 수 있습니까?"

내가 옆으로 약간 몸을 기울이자 마치 마술에 걸린 듯 한, 곳에 시선이 고정되었다. 차 유리창에 약 1인치 크기의 하얀 글씨가 어두운 길을 배경으로 드러나 있었던 것이다.

나는 경험한다
영원한 번영을.

"네, 보입니다." 나는 흥분하며 말했다.

"정말 기발한 아이디어군요. 차를 운전할 때마다 이 글귀를 읽을 수 있겠군요."

"꼭 그렇지는 않습니다. 만약 차를 운전하면서 길을 보지 않고 차창에 써 놓은 글자만 읽고 있다면 위험할 테니까요."

"아, 미처 생각지 못했습니다."

"더 좋은 소식이 있습니다. 당신은 이 글을 읽을 필요가 없습니다. 사실, 운전을 하는 동안에는 99.999% 앞을 보면서 운전하게 됩니다. 물론 이 글은 항상 시야에 들어오지만 의식적으로 이 글에 관심을 기울이지는 않습니다.

글이 보이면 자주 읽기는 하지만 대부분 이 메시지는 자신의 잠재의식 속에 직접적으로 전달됩니다. 잠재의식은 원래 어릴 때부터 부정적인 생각이 일어날 때마다 '별 볼일 없는 놈'이라는 의식을 되풀이해서 심어놓게 됩니다. 또한 잠재의식 속에는 긍정적인 저울과 부정적인 저울이 함께 내재되어 있습니다.

사실, 나는 운전을 즐기는 편이 아니었는데, 이 메시지를 써 둔 뒤로는 운전이 즐거워졌습니다. 물론 메르세데스라는 차

덕분일 수도 있겠지만 이 작은 글귀가 훨씬 더 저렴한 방법일 것입니다.

또 하나 재미있는 것은 차를 세차하러 가거나 주차를 할 때 사람들이 이 글귀를 본다는 사실입니다. 그리고는 항상 의아한 표정으로 나를 쳐다보는데, 그들이 무슨 생각을 하는지 이젠 알겠더군요. 아마도 '이 비싼 차에다 무슨 짓을 해놓은 거야?' 라고 생각할 것입니다. 물론 이것은 제 추측에 지나지 않지만 워낙 자주 일어나는 일이라 제 추측이 맞을 것이라 확신합니다.

이러한 자기 암시 내용은 3×5 크기의 카드에 적어 책상 앞이나 직장의 벽면에 붙여 놓을 수도 있습니다. 그러면 자기 암시 글귀가 시야에 계속 들어오고 그 메시지는 지속적으로 잠재의식 속으로 전달됩니다.

사실 자기 암시는 28일 정도 의식 속에 살아있습니다. 달의 주기와 일치하는 것이지요. 그리고 이것은 습관을 바꾸는데 소요되는 시간과 일치합니다. 신기하죠?"

"그렇군요. 그러면 자동 자기암시같이 나에게 전수해 줄 수 있는 또 다른 방법이 있습니까?"

나는 그가 그러한 요령을 많이 알고 있을 것이라 생각하며 장난스레 물었다.

"물론이죠. 사람들은 내가 많은 것을 알고 있다고 말합니다. 하지만 나는 그렇게 생각지 않습니다. 그리고 그것은 사실입니다. 사실, 내가 알고 있는 것은 다른 사람들로부터 배운 것들입니다. 내 인생 전체가 다른 사람에게 배운 것들이며 특히 네트워크 마케팅은 더욱더 그러합니다."

"'만약 내가 네트워크 마케팅에 대해 알고 있는 모든 것을 당신이 알고 있다면, 이 세상 그 어느 것도 당신의 성공을 방해하지 못할 것입니다.' 라고 위대한 네트워커님께서 말씀하지 않았나요?"

"제가 그랬나요?"

"네."

"그 말도 다른 사람에게서 들은 것입니다. 원래 내가 들었던 것은 그것과 약간 다른데, 내가 목적에 맞게 고친 것입니다. 원래는 '만약 내가 네트워크 마케팅에 대해 알고 있는 모든 것을 당신이 알고 있다면, 이 세상 그 어느 것도 당신이 네트워크 마케팅에 참여하는 것을 막을 수 없을 것입니다' 였죠. 예비 사업자를 모을 때 쓰는 표현이죠."

"참으로 좋은 말이군요."

"사실, 나는 누가 나에게 그 말을 처음으로 해주었는지 잊어버렸습니다. 하지만 멋진 말이지요. 언제든 활용하세요.

네트워크 마케팅은 세상에서 유일하게 표절하도록 격려하는 분야입니다."

"그렇기 때문에 복제가 가능한 시스템이라 하는 것이지요?" 내가 이렇게 말하자 그가 …

"오! 이런."

놀라는 표정을 지으며 호탕하게 웃었다.

"우리는 결국 시스템 문제로 돌아왔군요." 그가 말했다.

"그런 것 같네요. 하지만 위대한 네트워커님은 내 생각을 바꿔줄 수 있는 것에 대해 설명하려던 참이었는데, 그것과 시스템 둘다 설명해 주시겠습니까?"

"물론이죠. 무엇부터 할까요?"

이야기는 계속되었다. 그는 시스템과 돈버는 방법, 감사를 표현하는 방법, 업계를 뭉치게 하는 방안 등에 대해 이야기를 했다. 그러는 동안 드디어 우리는 호텔에 도착하였고 강연장 안으로 들어갔다.

story ❸
박수훈련

　넓은 호텔 강연장은 클레스룸 스타일로 자리가 배치되어 있었다. 긴 테이블이 연단을 따라 길게 놓여져 있고 테이블에는 흰색 테이블 보가 씌어져 있었는데 가까이 다가가서 살펴보니 테이블 보에는 작은 금색 하트무늬와 파란색 달러 표시 무늬가 잔잔하게 박혀 있었다.

　재미있는 무늬였다. 사랑과 돈이라! 나는 전에는 이런 무늬를 본 적이 없었다.

　그리고 좌석은 250여명 이상이 앉을 수 있도록 마련되어 있었고 가장자리와 연단 옆에는 파란색과 황금색의 풍선들이 달려 있었다. 강의가 시작되려면 아직 한 시간이나 남아 있었지만 강연장에는 벌써 분위기를 고조시키는 음악이 흘러나오고 있었다.

　많은 드럼과 신기한 악기들이 쏟아내는 음악을 들으면서 나는 음악에 맞춰 춤을 추면 좋겠다고 생각했지만. 축제 분위기에 기분이 좋아진 나는 밝은 표정으로 미소만 지었다.

연단에는 강의를 위한 책상이나 스크린 등 준비물이 눈에 띄지 않았으며 칠판도 없었다. 다만 무대 중앙에 높은 등받이 의자와 키 큰 원탁이 있었고 그 탁자 위에는 물병 몇 개와 갓 꺾은 듯한 신선한 꽃이 화병에 가득 꽂혀 있었다.

비록 이 사업을 시작한지는 그리 오래되지 않았지만 한 눈에 보아도 이런 강연장은 그리 흔한 경우가 아님을 알 수 있었다. 그 후 강연장은 빠르게 사람들로 채워졌고 위대한 네트워커는 나를 이번 강연의 주최자에게 소개시켰다.

그녀는 웃음 띤 얼굴에 빨간색 곱슬머리를 하고 있었으며 이름은 루비였다. 루비는 자신을 소개하면서 47년 동안이나 네트워크 마케팅에 몸담고 있다고 말했다.

나는 속으로 '굉장하군 그렇게 오랫동안 이 사업에 종사할 수 있다니'라고 생각했다. 루비처럼 성공적인 리더를 아는 것만으로도 네트워크 마케팅에 대한 나의 신뢰감은 점점 깊어졌다. 루비의 따뜻한 포옹과 환대에 나는 마치 그녀를 오래 전부터 알고 있었던 것처럼 느껴졌다.

이윽고 10시가 되자 강연장 조명이 반짝이면서 음악이 멈추고 어떤 젊은이가 마이크를 들고 무대 위로 뛰어 올라왔다. 그는 강한 남부 액센트로 "안녕하세요?"하고 말했다.

사람들은 그를 박수로 환영했고 그는 자신을 간단하게 소개하고 나서 그 날의 안건과 점심식사 시간, 장소 등 그 날의 일정을 설명하였다. 그리고 나서 그는 루비를 소개하고 그녀가 무대 위로 올라올 수 있도록 손을 잡아주었다.

그녀는 그야말로 타오르는 불덩이 같았다. 아니, 분명히 불덩이 하나를 가지고 있었다. 마이크를 잡은 그녀는 이야기 첫머리에서 네트워크 마케팅이야말로 너무 멋진 사업이고 서로를 염려하는 아름다운 사람들이 함께 도와가며 일을 하고 아울러 많은 사람들의 건강과 부를 위해 기여하고 있다고 설명했다.

사실, 이런 말들은 그 동안 여러 차례 사업설명회에 참가하여 들어보았던 이야기로 약간은 상투적이고 사실보다 과장된 것이라는 생각을 갖고 있었다.

그러나 루비의 이야기에서는 그런 느낌을 받을 수 없었다. 그녀는 너무나 진지해서 문자 그대로 당당함이 느껴졌던 것이다. 그녀는 자신의 사업, 회사, 주변 사람들 그리고 오늘 열리는 모임조차도 매우 훌륭하다고 확신하고 있었다.

나는 위대한 네트워커와 음식점에서 이야기를 나누었던 '믿음'에 대한 새로운 정의가 생각났다. 루비야말로 자신의 모든 행동과 이야기를 사랑하고 있는 사람이었던 것이다.

"바로 이러한 이유 때문에 루비는 신뢰할 수 있는 사람으로 보이는 것일까?"

나는 이렇게 자문하고는 '그렇다' 는 결론을 내렸다.

나는 다시 루비의 말에 귀를 기울였다.

"오늘, 여러분은 특별한 분을 만나실 수 있습니다. 이 분은 이 업계가 장족의 발전을 할 수 있도록 이끌어 주신 분으로 여러분의 사업방식에 변화를 가져다 줄 사고방식과 통찰력에 관해 들려주실 것입니다.

이 분은 회사의 리더이며 저자인 동시에 편집자입니다. 또한 백만장자인 그는 이 업계의 리더에게 스승과 같은 분입니다. 더불어 네트워크 마케팅에 있어서 세계적인 인물로 미국, 캐나다, 호주, 말레이시아, 중국, 영국, 러시아 등지에서 강연을 하고 있습니다.

하지만 그러한 업적이나 가르침을 떠나 제가 이 분에게서 받은 교훈 중 가장 중요한 것은 바로 '이 사업은 사랑의 사업' 이라는 것입니다. 저는 이 교훈을 평생 간직할 것입니다. 우리의 사업은 사랑을 주고 사랑을 받는 사업인 것입니다.

사랑은 우리 모두가 가장 원하는 것입니다. 또한 사랑은 우리가 줄 수 있는 최상의 것입니다.

이 분 말씀에 따르면 어느 회사에 있든 또한 어떤 제품을 판매하든 우리의 진정한 제품은 사랑이라고 합니다. 바로 그렇기 때문에 저는 이 분을 사랑합니다.

기회가 있다면 이 분에게 사랑에 대한 이야기를 부탁해 보십시오. 그리고 바로 그 이야기를 듣기 위해 오늘 우리가 이 자리에 모인 것입니다. 하지만 이 분은 다른 연사들처럼 강연하는 것을 좋아하지 않습니다. 물론 이 분은 한 가지 질문에 대한 답변으로 1시간 이상을 쓸 수도 있습니다. 그러나 이 분은 우리들과 대화를 하고 싶어합니다. 즉, 교육을 하는 데 있어서 최상의 방법은 사람들과 대화를 나누는 것이라고 믿고 계신 것입니다. 이 분이야말로 진실을 알고 진실을 이야기해 주실 수 있는 분입니다.

여러분!

여러분께 저의 가장 귀한 친구, 세상에서 가장 위대한 네트워커를 소개합니다."

위대한 네트워커는 중앙통로를 달려나와 무대 위로 올라갔다. 그는 루비로부터 포옹과 키스를 받고 사람들의 박수를 받으며 한 동안 그녀의 손을 잡고 서 있었다. 그리고 미소를 지으며 잇달아 '감사합니다' 라고 말했다.

"오늘 이 자리에 초대해 주셔서 감사합니다. 저는 오늘 여러분께 귀중한 것을 선사할 작정입니다. 오늘 여러분이 이 자리를 떠나실 때, 한 달에 10만 달러를 벌 수 있는 아이디어를 가지고 돌아갈 수 있도록 해드릴 것입니다. 관심이 있습니까?"

그러자 여기저기서 "물론입니다", "그렇습니다"라는 대답이 들려왔다.

"좋습니다. 그러면 곧바로 시작합니다.

여러분 중에서 강연장의 열정과 관심을 높이고 청중들의 이해를 증진시키며 동시에 청중 모두가 황홀감을 느낄 수 있도록 하는 효과적인 기술에 대해 관심이 있는 분은 없습니까? 그리고 그러한 기술이 실행하기에도 간편하다면 배울 의사가 있습니까? 만약 있다면 손을 들어주십시오."

대부분의 청중들이 손을 들자 그는 이렇게 말했다.

"좋습니다. 그러면 우선 한 가지 질문을 하겠습니다. 아까 루비에게 박수갈채를 보내며 그녀를 환영했던 순간을 떠올려 보십시오. 만약 1점에서 10점까지 점수를 매긴다면 그 박수에 몇 점을 주시겠습니까?"

"5점이오." 어느 여성이 말했다.

"7점." 또 다른 사람이 말했다.

그리고 주로 3점과 6점이 많았고 4점과 2점도 약간 나왔다.

"그래요. 여러분은 모두 개선할 여지가 있다는 것에 대해 동의하시는 것 같군요. 그렇습니까?"

청중들이 일제히 동의했다.

"자, 그렇다면 항상 10점을 받을 수 있도록 완벽하게 박수를 칠 수 있는 확실한 방법을 알려드리겠습니다. 그리고 제가 약속한대로 이 방법은 매우 쉽습니다.

그러면 또 다른 질문을 하나 하겠습니다. 여러분은 누구에게 박수를 보내십니까? 어느 개인? 아니면 무대 위에 있는 사람? 아니면 여러분 자신입니까?

물론 무대 위에 오른 사람들은 여러분의 박수갈채를 받는 혜택을 누립니다. 그러면 무대 위의 사람들은 인정받고 있음을 느끼는데, 이것은 교육에서 매우 중요한 부분입니다. 바로 그렇기 때문에 회사 컨벤션에서 사람들을 무대 위에 세우고 시상식을 하는 것입니다.

그렇지만 실제로 박수라고 하는 것은 앉아 있는 청중에게 더 커다란 영향을 미칩니다. 지금 당장 여러분의 맥박을 재어 보십시오. 지금의 기분이 어떠한지 생각해 보십시오. 그리고 완벽하게 박수치는 법을 익히고 났을 때의 기분이 어떻게 다른지 알아보겠습니다. 좋습니까?"

사람들은 일제히 동의했다.

"저는 이 방법을 로스앤젤레스에서 개최된 '빵 얻는 자 빵

굽는 자' 라는 세미나에서 루스 드반으로부터 배웠습니다.

루스는 네트워크 마케팅의 대가로 지난 20년간 백만 달러의 수입을 올린 리더입니다. 여러분이 이 기술을 배우게 되면 여러분의 회의 또는 교육 열기와 성공은 한 단계 향상될 것입니다.

그러면 우리 사업에 있어서 가장 중요한 것 중의 하나가 인정받는 것이라는 점에는 동의하시죠?"

청중들은 동의했다.

"그러면 무대 위에 있는 사람은 청중이 자신을 원하고 중요하게 생각하고 있다는 것을 느끼는 그 순간, 긍정적인 영향을 받을까요? 아니면 부정적인 영향을 받을까요?"

사람들은 모두 긍정적인 영향이라고 대답했다.

"만약 여러분 모두가 이 자리에 참석한 것을 진정으로 기쁘게 생각한다면 또한 지금 생애 최고의 시간을 맞이했다고 여긴다면 그리고 현재 깨어 있고 살아 있어서 즐거운 시간을 누린다면 여러분은 단순히 살아있는 것보다 더 많은 행복감과 열정을 느낀다는 점에 동의하십니까?"

다시 청중은 동의했다.

"좋습니다! 자, 이제부터 그 모든 것 아니 그 이상을 얻을 수 있는 방법에 대해 알려드리겠습니다. 이제 옆자리에 앉아 있는 사람보다 더 빠르고 더 세게 박수를 치십시오. 그렇게 하실 수 있습니까?"

청중들은 웃으면서 그렇게 하겠다고 동의했다.

"좋습니다. 아주 우수한 분들만 모여 있는 것 같군요. 하지만 옆자리에 앉은 사람보다 빠르고 세게 박수를 치는 것만으로는 너무 단순하죠? 오늘은 그것보다 더 진보적인 일을 해보는 것이 어떻겠습니까?"

청중들은 웃으면서 그 의견에도 동의했다.

"좋습니다이~."

그가 장난스럽게 말했다.

"이제 옆자리에 앉아 있는 사람보다 더 빨리 그리고 더 세게 손뼉을 치면서 왼편에 있는 사람에게 이야기를 건네 보십시오. 무슨 이야기든 좋습니다. 그리고 나서 그 다음에는 오른편에 있는 사람에게 말을 건네십시오. 이 때 계속해서 머리를 위, 아래로 끄덕여야 합니다. 가장 좋아하는 운동팀이나 날씨, 짧은 유머도 상관없습니다.

옆 사람보다 박수를 더 빠르고 세게 치면서 동시에 좌우 사람들과 이야기를 나누고 웃으면서 머리를 끄덕이는 것입니다. 자, 시작해도 될까요?"

청중들은 웅성거리면서 미소를 짓고 있었다.

"좋습니다. 그러면 잠시 후에 다시 한 번 루비를 소개하겠습니다. 그러면 여러분은 손뼉치는 일에 최선의 노력을 기울이시기 바랍니다. 이것은 일종의 시험이고 저는 여러분이 모두 A+를 받았으면 합니다. 준비됐나요?"

청중들은 준비가 되어 있었다.

"신사숙녀 여러분! 이 특별한 숙녀분께 진정한 애정과 열정을 쏟아주시기 바랍니다. 이 분은 47년간이나 이 업계에 몸담아 오고 있는 탑 리더이며 세상에서 가장 위대한 네트워커입니다. 신사숙녀 여러분! 루비를 소개합니다."

그의 이야기가 끝나자 박수가 터져 나왔다. 그 소리는 마치 거대한 파도가 해변에 부딪치는 것 같았다. 사람들은 박수를 치면서 좌·우를 돌아보고 이야기하고 웃으면서 머리를 끄덕이고 있었다. 또한 앞의 두 세 줄에 앉아 있던 사람들이 벌떡 일어나는 바람에 마치 강연장 전체가 하나가 되어 움직이는 것처럼 보였다.

그것은 놀라운 광경이었다.

루비는 활짝 웃고 있었고 사람들은 여전히 박수갈채를 보내고 웃으며 앞뒤로 함께 이야기하고 있었다. 강연장은 그야말로 흥분의 도가니였던 것이다.

"굉장했습니다!"

위대한 네트워커는 청중들이 조용해지면서 다시 자리에 앉기 시작하자 탄성을 질렀다.

"최고, 그 이상입니다! 환상적이었습니다! 이제 루비의 얼굴을 봐 주십시오. 지금 그녀의 느낌이 어떠할 것이라고 생각하십니까? 여러분은 진정으로 그녀가 힘과 활력을 얻었다고 생각지 않으십니까? 오늘 그녀는 여러분에게 그 어느 때보다도 최고의 것을 제공할 것이라고 생각지 않습니까?"

청중들이 그의 이야기에 동의하자, 그는 "틀림없습니다!"라고 스스로 답변을 했다.

"그리고 여러분은 모두 어떻습니까? 처음 시작할 때보다 더 생동감이 있지 않습니까? 조금이라도 더 활력이 느껴지지 않습니까? 재미있었습니까? 기분이 좋지 않습니까?"

청중이 다시 만장일치로 동의했다.

"여러분은 놀랍습니다. 그리고 그 기립박수는 누구의 아이디어인가요? 사실, 기립박수는 좀더 진보적인 작업 예를 들면 제가 다시 초빙되어 강단에 설 때와 같은 경우를 위해 보류하고 있었어야 했습니다."

그가 웃으며 말했다.

"기립박수! 그것은 박사급 작품입니다. 여러분은 믿을 수 없을 만큼 대단하십니다!"

'부처님 손바닥 안'이라는 말을 들어본 적이 있는가? 바로 그 이야기처럼 나를 포함해서 모든 청중들은 그의 손바닥 안에 있었다. 그는 몸을 기울여 루비의 볼에 키스를 하고 강단 끝 계단 앞까지 그녀를 인도하였다. 그리고 나서 그는 무대로 돌아와 의자에 앉았다. 그리고 그는 물병을 열어 물을 마시고 물병을 테이블 위에 놓았다. 그 다음에는 다리를 꼬고 앉아 무릎에 두 손을 포개놓고 깊은 숨을 토해냈다.

그가 그런 자세로 말없이 얼마동안이나 앉아 있었는지 잘 모른다. 어쨌든 그는 이야기를 시작하기 전에 청중들의 얼굴을 물끄러미 쳐다보고 있었다. 아마도 단 15초 혹은 20초였을 것이다. 하지만 그것은 아주 오랜 시간처럼 여겨졌다.

"저는 네트워크 마케팅의 사업자가 세상에서 가장 잘난 사람들이라고 생각합니다."

그는 이렇게 말하면서 평소보다 작은 소리로 웃었다.

"그래, 어떻게 도와드릴까요?"

청중들은 말이 없었다. 어떤 사람들은 불안한 듯 주위를 두리번거리기도 했다. 하지만 어느 누구도 선뜻 먼저 말하려고 하지 않았다.

"저는 전에도 이런 곤경에 처한 적이 있었습니다. 아무도 도움을 필요로 하지 않더군요. 그렇다면 여러분의 사업은 모두 완벽하게 진행되고 있겠군요. 사실인가요?"

그는 다시 한 번 깊은 숨을 내쉬며 물었다. 그런 다음 의자에서 내려와 무대 가장자리에 걸터앉았다. 그리고 앞에서 한 두 줄에 앉아 있는 사람들의 얼굴을 살피면서 말했다.

"저는 여기 걸터앉아 오전 내내 여러분에게 이야기할 수도 있습니다. 저는 여러분에 대해 잘 모르지만 그것은 상관없습니다. 사실 저는 수년 동안 이 사업에 몸담아 왔으며 달변가입니다. 하지만 저는 여러분이 무엇을 알고 싶어하는지 알지 못합니다. 그렇기 때문에 여러분께 묻고 있는 것입니다. 그래야만 저는 그 질문에 맞춰 이야기를 할 수 있습니다.

그러나 여러분이 질문을 하지 않는다면 오직 제가 원하는 것에 대해서만 이야기할 수도 있습니다. 그것은 제가 언제든지 할 수 있는 일이지요. 하지만 여러분이 원하는 것에 대하여 말하고 여러분을 어떻게 도울 수 있는지에 대해 말하는 것이 훨씬 더 흥미로울 것입니다. 저는 너무나 오랫동안 제 자신과 함께 지내왔고 그래서 제가 좋아하는 주제를 가지고 많은 이야기를 나눴습니다. 그래서 이제는 지겹습니다."

그가 웃었다. 그리고 청중들의 눈을 쳐다보며 가능한 한 많은 사람들에게 직접적으로 이야기하려고 노력하면서 말을 이었다.

"저는 '삶은 대화' 라고 생각합니다. 말 그대로 우리는 대화 속에서 인생을 창조하고 일을 만들어갑니다. 잠시 생각해 보십시오. 삶은 대화입니다."

그는 우리가 생각에 잠겨 있는 동안 우리를 조용히 지켜보며 앉아 있었다. 그러다가 갑자기 침묵을 깨고 이렇게 말했다.

"여러분 중 몇 분이나 네트워크 마케팅의 금언이라 할 수 있는 '단순하게 따라할 수 있도록 만들어라' 를 믿습니까?"

많은 사람들이 고개를 끄덕이며 손을 들어 큰소리로 동의를 표했다.

"좋습니다. 저도 그렇습니다. 그렇다면 제가 지금부터 하는 이야기에 여러분이 동의하시는지 알아보겠습니다.

제 친구 크리스 메이어는 뛰어난 트레이너로서 제가 이 사업에 참여하게 된 것도 그 친구 덕분입니다. 그 친구는 [포춘]지선정 500대 기업의 중역들에게 지도력과 협동정신을 교육하기도 했습니다. 그 밖에도 그린베레와 유격대 그리고 올림픽 선수들도 가르쳤습니다.

여기 크리스가 저에게 준 교훈이 있습니다. 네트워크 마케팅에서 해야 할 일은 딱 세 가지가 있습니다.

첫째, 신체를 적절하게 활용해라. 맞습니까?"

그는 청중을 둘러보며 물었다. 사람들은 대부분 그의 의견에 동의하는 것처럼 보였지만, 그 의미를 정확하게 이해하고 있는 것 같지는 않았다. 나도 마찬가지였다. 그래서 더욱더 열심히 귀를 기울였다.

"몸이 건강해야 일도 잘할 수 있으므로 건강에 유의해야 합니다. 저는 이 사업을 하면서 한 번도 죽은 사람이 성공한 것을 본 적이 없습니다."

그가 웃자 청중도 함께 웃었다.

"사실 몸이 아픈 사업자가 업라인이나 다운라인의 도움으로 침상에 누워있는 동안 사업성공을 이룬 가슴 따뜻한 이야기들이 많이 있습니다만, 그런 경우는 흔치 않습니다. 그렇지 않습니까?"

그의 설명에 우리 모두는 그의 요지를 이해했다.

"건강은 이 사업에서 성공하는데 있어서 매우 중요합니다. 만약 여러분의 육체가 너무 지쳐 미팅이나 교육에 참석할 수 없다면 또는 너무 힘이 빠져서 전화를 받을 수 없다면 큰 조직으로 성장해 나갈 수가 없습니다.

만약 늘 몸이 아파서 혹은 감기로 예상고객을 만나지 못하고 두통으로 전화를 할 수 없고 등이 아파서 행사에 참석하지 못한다면 이 사업 아니 다른 어떤 사업에서도 성공을 거둘 수 없습니다.

제가 말하는 건강이란 심신의 건강 모두를 말하는 것입니다. 만약, 정신적으로나 감정적으로 건강하지 못하고 화를 잘내며 사람들과 잘 사귀지도 못하고 위험을 감수하거나 미지에 대한 모험 정신이 없다면, 네트웍 마케팅 사업에서 결코 성공할 수 없습니다. 또한 욕심이 많아서 너무 많은 것을 탐하거나 아니면 이기적이거나 자아가 지나치거나 성실성을 잃는다면 이 업계에서는 리더가 될 수 없습니다. 단기간에 거둔 성공은 오래 가지 못합니다."

이제 모든 사람들이 그의 이야기에 귀를 기울이고 있었다.

"이 사업은 사람과 가치관을 소중하게 여깁니다. 그러므로 올바른 정신을 갖고 있지 않거나 속임수를 쓰는 사람, 자기 중심적인 사람들은 이 업계에서 추방될 것입니다. 그런 사람들은 건강하지도 못하며 네트워크 마케팅에서 성공할 수 없습니다."

그는 무대 앞으로 내려와 통로를 걸으면서 이 얼굴 저 얼굴을 쳐다보며 말했다.

"이 사업에 성공하기 위해서는 건강한 신체를 가져야 합니다. 만약 건강하지 못하면 성공할 수 없습니다. 심신을 잘 보살피십시오. 제가 말하는 건강은 신체적인 면, 정신적인 면, 감성적인 면, 영적인 면을 모두 포함합니다. 제 말에 동의하십니까?"

모두들 고개를 끄덕였다.

"여러분은 매우 운이 좋습니다. 왜냐하면 여러분의 회사가 전세계에서 가장 좋은 건강제품을 제공해주기 때문이죠. 그러나 아무리 훌륭한 제품이 있어도 식단에 많은 주의를 기울여야 합니다. 그것은 고기나 설탕, 패스트푸드를 먹고 난 후, 허브나 건강보조식품을 섭취한다고 해서 해결될 수 있는 부분이 아닙니다.

아무리 훌륭한 제품이 있어도 상황은 좋아질 수 없습니다. 햄버거를 잊으세요. 샐러드를 먹으세요. 좋고 깨끗한 기름으로 조리한 감자 칩을 고르세요. 여가시간을 활용하여 천연식품을 사 드세요. 살충제나 인공조미료는 피하세요. 유기농식품을 사세요. 비용이 더 들겠지만 그만한 가치는 있습니다. 그리고 운동하세요!"

그는 힘주어 말을 덧붙였다.

"매일 조금씩 어떤 운동이라도 하십시오! 여러분 중에서 정직하게 활동적으로 살고 있는 분은 몇 분이나 됩니까?"

몇 몇 사람의 손이 올라갔다. 그러나 많지는 않았다.

"그리 많지 않군요. 물론 저도 그렇습니다. 그래서 저는 스스로를 활동적으로 만듭니다. 테니스도 치고 골프 칠 시간도 마련합니다. 운이 좋게도 저는 집안에 체육시설이 갖춰져 있습니다. 그래서 일주일에 두 세 번은 운동을 합니다.

만약 여러분과 제가 농장에 살거나 우리 조부모들이 했던 것처럼 열심히 일한다면 따로 운동할 필요는 없을 것입니다. 일상 생활속에서 몸을 움직이는 것만으로도 충분하니까요. 그러나 전화로 이루어지는 현대의 생활은 농장 생활과 다릅니다. 앉아서 운전하는 것만으로는 운동량이 부족합니다.

운동을 하십시오. 운동은 재미있고 흥미로운 방법으로 신체를 건강하고 활력적이며 강하게 만들어 줍니다. 역기는 어떻습니까?"

그러자 여기저기서 사람들의 웅성거림이 들려왔다. 그는 그 소음을 막으려고 손을 들어 보이며 이렇게 말했다.

"압니다. 잘 알고 있습니다. '역기' 하면 우선 너무 살이 쪄서 목이 달라붙은 레슬러들이 생각나겠지요. 맞습니까? 하지만 제가 약속하죠. 일주일에 두 세 번 30분 동안 역기를 들면 생각한 것보다 훨씬 더 건강해질 것입니다. 그렇다고 아놀드 슈왈츠제네거처럼 근육질을 자랑해야 하는 것은 아닙니다.

하지만 근육은 강하고 유연하게 만들 필요가 있지요. 그러한 근육을 기르기 위해서는 가벼운 중량으로 운동하면서 스스로 '이 정도면 충분해' 라는 생각이 들 때까지 운동하는 것으로 충분합니다.

여러분의 몸은 운동을 하는 당신을 사랑할 겁니다. 그리고 몸매도 멋지게 가꿔질 것입니다. 게다가 기분이 무척 상쾌해질 것입니다. 운동을 하십시오!

여러분이 해야 할 나머지 두 가지는 말하기와 듣기입니다."

여기까지 말한 그는 잠시 뜸을 들이다가 우리에게 이렇게 부탁했다.

"옆에 앉아 있는 사람, 오른편, 왼편, 뒤, 앞에 앉아 있는 사람과 잠시동안 이 주제에 대해 이야기를 나눠 보십시오. 몸을 활용하는 것, 이외에도 네트워크 마케팅에서는 해야 할 일이 두 가지가 더 있습니다. 그것은 말하기와 듣기입니다. 여기에 대해 파트너와 함께 1, 2분 동안 토론해 보십시오. 자, 지금 시작하세요."

그는 말을 마치자 무대 위로 올라가 물을 한 모금 마시고는 사람들을 골똘히 살펴보았다.

story ④

멈춰 서서 보고 들어라

강연장 안은 사람들이 이야기를 주고받는 소리로 4, 5분 동안 소란스러웠다. 그 때, 위대한 네트워커가 손뼉을 두 번 치며 커다란 목소리로 이렇게 말했다.

"자, 이제 그만하십시오."

그 목소리에 이야기소리는 다소 줄어들었지만 그래도 많은 사람들이 웅성거리고 있었다.

"이제 그만 멈추세요!"

그가 다시 손뼉을 두어 번 치며 큰소리로 말했다.

"네트워크 마케팅 사업자로 가득찬 강연장에서 이야기를 중단시키는 일이 얼마나 힘든지 아십니까?"

그는 앞줄에 앉아 있는 사람들에게 웃으며 말했다.

"그만! 그만!"

그가 청중들에게 간청을 하다시피 하자 비로소 강연장 안은 조용해졌다.

"고맙습니다. 말하고 듣는 이 사업에 대해 어떻게 생각하십니까? 여러분도 이 사업이 말하고 듣는 사업이라고 생각합니까? 말하고 듣는 일이 여러분이 하는 일의 전부인가요? 방금 이야기를 나누면서 흥미로운 점을 발견하신 것이 있습니까?"

그는 대답을 기다리며 청중들을 둘러보았다. 하지만 아무런 대답이 없었다.

"좋습니다."

그가 무대 가장자리 앞에 서서 말했다.

"그렇다면 여러분과 이야기를 나누어 보도록 하겠습니다. 제가 이 이야기를 하는 이유는 제 이야기에 동의하지 않으면서도 그것을 이야기하려 하지 않는 분이 있을 것이라는 생각에서입니다.

그러면 여러분께 한 가지 물어보겠습니다. 손을 들어 답해 주십시오. 여러분은 어떤 경우에 가장 학습효과가 높습니까? 동의를 할 때입니까? 아니면 동의하지 않을 때입니까? 동의를 할 때 학습효과가 높다고 생각하시는 분은 손을 들어주십시오."

몇 몇 사람들이 손을 들었지만 그다지 많지는 않았다.

"그렇다면 동의하지 않을 때 학습효과가 높으신 분은 손을 들어주세요."

이번에는 더 많은 사람들이 손을 들었다.

"그런데 손을 들지 않는 분들은 뭔가 다른 생각이 있으신 건가요? 아니면 수줍음이 많아서 인가요. 수줍음이 많으신 분들은 몇 분이나 됩니까? 손을 들어주십시오."

그러자 청중의 1/3이나 되는 사람들이 손을 들었다. 그는 빙

그레 웃으며 이렇게 말했다.

"[빅알]시리즈를 펴낸 톰 슈라이터가 말하길 '수줍음을 많이 타는 사람들은 절대로 손을 들지 않는다' 고 했습니다. 여러분 은 무엇을 하고 계신 겁니까? 모두 안전지대에 비상구를 하나 씩 챙겨 놓고 계신 겁니까?"

모두들 미소를 지었고 크게 소리내어 웃는 사람들도 있었 다. 그는 나와 단둘이 만났을 때와 마찬가지로 사람들 전체를 편안하게 만들어주는 재주를 갖고 있었던 것이다. 반면, 그는 쉽게 청중 모두를 불편하게 만들 수도 있다는 생각이 들자, 나 는 저절로 웃음이 나왔다.

"제 말에 동의하신다면, 좋습니다. 제가 방금 '좋다' 라고 말 한 것은 '좋은 하루 되세요' 라고 인사할 때 '좋다' 라는 의미와 같은 것입니다. 사실 누가 이 말에 신경을 쓰겠습니까? 저에 게는 더 크고 야심찬 계획이 있습니다."

청중들은 소리내어 웃었다.

"여러분이 저에게 동의를 해주면 여러분의 기분이 좋아질 수도 있습니다. 그리고 동의를 받으면 제 기분 또한 좋아질 것 이라고 생각할지도 모릅니다. 그러나 '기분이 좋다' 는 것이 구체적으로 '뭔가가 좋다는 것' 을 의미하는 것은 아닙니다. 그것은 단지 생각일 뿐입니다.

좀더 정확하게 말하자면 '좋다고 생각한다' 라고 표현해야겠 지요. 그러므로 '기분이 좋다' 라는 막연한 생각을 떨쳐버리고 나서 생각해 보면 동의라는 행위에는 별다른 실제적 가치가 없다는 것을 알 수 있습니다.

여러분이 저에게 동의를 하게 되면 저는 여러분에게 아무 것도 해준 것이 없게 되어 버립니다. 즉, 여러분이 현재 알고 있는 것, 혹은 모르고 있는 것에 대해 새롭게 기여한 부분이 없는 것입니다. 그렇지 않습니까?"

그는 질문을 하고 나서 명확한 답변을 기대하며 청중을 둘러보았다.

"결국 진실되고 영원하며 삶을 변화시킬 수 있는 가치는 곧바로 동의하지 않는 것에 있습니다. 그러나 우리는 동의하지 않는 부분에 대해 어떻게 행동합니까? '이 점에 동의하지 않기 때문에 더 이상 깊이 생각해 볼 필요도 없어' 라고 무시하고 거부해 버립니다. 하지만 저는 여러분께 이 점에 대해 달리 생각하라고 부탁하고 싶습니다."

그는 잠시 말없이 서 있다가 말을 이었다.

"제가 한 가지 사례를 읽어드리겠습니다. 이 글은 프라이스 프리체트박사(Dr. Price Pritchett)가 쓴 〈당신〉이라는 소책자에서 발췌한 것입니다.

'나는 밀크로프트 여관의 한 조용한 방에 앉아 있었다. 이 평화롭고 자그마한 장소는 토론토에서 약 한 시간 거리에 있는 소나무 숲 사이에 있었는데, 칠월 하순의 어느 날 정오가 막 지났을 때, 아주 가까운 곳에서 생과 사의 갈림길에 몸부림치는 듯한 절규 소리가 들려왔다.

파리 한 마리가 창문밖으로 날아가려고 유리에 부딪치며 짧은 생의 마지막 에너지를 불사르고 있었던 것이다.

윙윙거리는 날개소리로 미루어보아 파리의 뼈저린 전략을 알아볼 수 있었다. 파리는 더 열심히 날아보자는 전략을 세우고 있었던 것이다.

그러나 뜻대로 되지 않았다. 미친 듯이 애써 보았지만 살아나갈 희망은 전혀 보이지 않았다. 그런데 아이러니컬하게도 바로 그 노력이 함정이었다. 파리가 아무리 노력해도 유리를 뚫고 나가는 것은 불가능하다. 그럼에도 불구하고 이 작은 곤충은 무모한 노력과 결단력으로 목표를 이루고자 목숨을 내놓고 있는 것이다.

어쩌면 파리는 창턱 위에서 죽음을 맞이할 지도 모른다. 그런데 방을 가로질러 열 발자국 떨어진 곳에는 문이 열려 있었다. 10초만 날면 그 작은 생물은 자신이 찾는 바깥 세상으로 나갈 수도 있다.

지금 허송하고 있는 노력의 10분의 1만으로도 파리는 스스로 파놓은 함정에서 벗어날 수 있는 것이다. 돌파구는 열려진 문이며 그것은 너무나 쉬운 곳에 있다.

왜 그 파리는 다른 방법 즉, 상반되는 방법을 찾아보지 않는 것일까? 어느 한 가지 방법에만 사로잡혀 그 방법으로 줄기차게 노력한다는 생각으로 성공할 수 있을까? 돌파구를 찾기 위해 죽을 때까지 똑같은 방식으로 계속하는 것은 도대체 무슨 논리인가?

틀림없이 파리에게는 이 방식이 합리적으로 여겨졌을 것이다. 하지만 유감스럽게도 그것은 죽음의 아이디어인 것이다.

더 열심히 시도하는 것이 반드시 더 많은 성공에 이르는 방법은 아니다. 노력만으로 인생에서 자신이 원하는 것을 얻을 수 있다는 확실한 가능성은 없다. 오히려 때로는 커다란 문제만을 야기하기도 하는 것이다.

만약 전보다 더 열심히 노력해서 돌파구를 찾겠다는 것에 희망을 걸고 있다면 성공 가능성을 놓치고 말 수도 있다.'

오늘 여러분께 부탁이 있습니다."

그는 의자에 앉아 진지하게 사람들을 바라보며 말했다.

"무엇인가 다르게 해보세요. 여러분이 동의치 않았던 점을 찾아보세요. 이것이 여러분에게 가장 중요한 아이디어입니다. 그리고 여기서 돌파구가 만들어집니다. 저는 여러분이 제 이야기를 '사실'로 받아들였으면 하고 바라는 것이 아닙니다. 그렇게 하지 마십시오. 듣기만 하세요. 제 말과 아이디어가 흘러들어 가도록 그냥 놔두세요. 옷을 입거나 새 신발을 신는 것처럼 하세요."

그는 의자에서 내려와 복도에 서서 3면의 전신 거울을 보는 것처럼 머리를 좌·우로 기웃거리다가 옷매무새를 보는 사람처럼 한바퀴 돌아보았다.

"음, 괜찮은데요. 아주 멋집니다."

그는 재킷의 단추를 풀고 멋지게 옷소매를 조정하면서 웃으며 말했다.

"저는 이 옷을 살 겁니다. 값은 얼마라도 상관없습니다. 저는 성공한 네트워커입니다. 저는 저의 모든 가능성을 정복한 사람입니다. 여기 제 카드가 있습니다."

그는 손을 흔들며 말했고 청중들은 소리내어 웃었다.

"잠시동안 제 이야기에 대한 여러분의 의견은 접어 두십시오. 자신의 평가, 판단, 비교, 경험, 기호 등은 묻어 두십시오.

오늘 하루만이라도 이 모든 것을 던져 버리고 새로운 생각과 아이디어가 자신의 마음속으로 흘러 들어갈 수 있도록 하십시오. 새로운 생각들을 입어 보십시오. 그리고 자신에게 맞는지 보십시오. 살 필요는 없습니다.

이것이 바로 네트워크 마케팅입니다. 저는 여러분에게 어느 것도 확신시켜 주려고 하는 게 아닙니다. 저는 분류 작업을 하고 있는 중입니다."

그가 웃자 청중도 그에게 웃음을 보냈다.

"그러면 저의 제안을 받아들이는 겁니까?"

그는 의자로 다시 돌아가 앉으면서 물었다.

"저는 여러분께 제 아이디어들을 시도해 보라고 부탁드리는 겁니다. 특히 처음부터 동의하지 않았던 점들부터 시작하십시오. 다시 말씀드리지만 오늘 하루 만입니다. 그리고 자신에게 적합한지 살펴보십시오. 만약 적합하다면 잘된 일입니다!

이후부터는 그 아이디어를 활용하면 됩니다. 그러나 맞지 않는다면 여러분이 가지고 있던 기존의 생각으로 돌아가면 됩니다. 좋습니까? 저의 제안에 동의하지 않는 분 계십니까?"

그는 청중을 둘러보았다. 어느 누구의 손도 올라가지 않았다.

"좋습니다. 여러분은 말하고 듣는 이 사업을 어떻게 생각하세요? 물론, 신체를 적절하게 이용하는 사업이기도 합니다.

그 밖에 네트워크 마케팅에서 하는 다른 일이 있습니까?"

많은 사람들이 자리에 앉은 채 대답을 했다.

그러자, 그는 이야기하고자 하는 사람은 자리에서 일어나 이름을 말해 줄 것을 요청했다. 나는 그가 나중에 참고로 하기 위해 답변하는 사람들의 이름들을 기억해 둘 것이라는 것을 알아차렸다. 그는 청중들과 개별적으로 이야기를 할 때는 종종 상대방의 이름을 부르고 있었던 것이다.

대부분의 강사들은 실례로써 직접 말을 하거나 들려주는 것이 아니라 비디오를 나눠주는 것이 고작이다. 그러나 그는 각 개인의 이야기를 신중하게 듣고 나서 청중 전체에게 그들의 생각을 물어보았다.

그렇다면 어느 것이 말하기·듣기인가? 아니면 양쪽 모두인가? 아직 어떤 것도 말하기 혹은 듣기가 아니라고 나서는 사람은 아무도 없었다.

"저는 이제 쉬겠습니다. 말해 보십시오. 그러나 기억하십시오. 이 상황은 사실이 아닙니다."

그는 우리에게 이 상황은 단지 자신에게 적합한지 아닌지 살펴보기 위해 잠시 시도하는 것에 불과하다는 것을 상기시켰다.

"말하기와 듣기는 간단하고 쉽게 따라 할 수 있도록 만들어야 합니다. 그렇죠?"

모두들 동의했다.

"따라서 다운라인을 교육할 때, 그리고 여러분이 독학으로 사업을 배울 때, 말하기와 듣기는 가장 중점을 두어야 할 두 가지 기본 원칙입니다. 이제 말하기와 듣기, 둘 중에서 어느 쪽이 여러분에게 부족한 기술입니까?"

앞의 한 남자가 손을 들었다. 그는 일어서서 자신을 조지라고 소개하며 말했다.

"글쎄요. 부족하다고 말할 수는 없지만 사람들에게 말을 거는 것이 어렵습니다. 좀 어색합니다. 그래서 제가 가장 시급하게 개발해야 할 기술은 말하기라고 생각합니다."

조지는 말을 끝내고 자리에 앉았다.

"조지! 다시 일어나 주시죠. 그래야 우리가 이야기를 할 수 있지 않을까요?"

조지가 일어나자 위대한 네트워커는 이야기를 계속했다.

"조지, 제가 '부족한 것이 무엇인가?' 라고 물은 이유는 만약 자신의 부족한 점에 대해 뭔가 조처를 취한다면 원하던 결과를 얻을 수 있을 것이라고 생각하는지 알고 싶어서였습니다. 이해가 되셨습니까?"

"네. 이해합니다."

"만약 당신이 말하기를 잘한다면 더 성공할 수 있을 것이라고 생각하십니까?

위대한 네트워커는 질문을 하면서 의자에서 일어나 청중과 더 가까이 하기 위해 무대 앞 가장자리에 걸터앉았다.

"그렇습니다. 저는 사람들과 대화하는 것이 곤혹스럽습니다. 특히 낯선 사람들과는 더욱더 그래요."

"그렇군요. 저 역시 그랬습니다. 물론 무대 위에 이렇게 서 있는 제가 사람들과 이야기하는 것을 어려워했다는 사실이 믿어지지 않을 것입니다. 가끔 저는 수 천 명이나 되는 사람들 앞에서 이야기하곤 합니다. 그러나 이렇게 사람들 앞에서 이 야기하는 것이 자연스러워진 것은 최근의 일입니다. 저도 손 을 들지 못할 만큼 선천적으로 수줍음이 많은 사람입니다. 당 신도 그렇죠?"

조지는 고개를 끄덕이며 웃었다.

"하지만 중요한 열쇠는 '말하기'에 있지 않습니다. 이것은 수 십 만 명의 사람들에게 효과가 있었던 방법인데, 진정한 해 결책은 '듣기'에 있습니다. 그렇다고 말하기를 전적으로 배제 해야 한다는 것은 아닙니다. 멋진 이야기를 하나 들려드리죠."

그러면서 그는 비행기 안에서 오직 질문만 했던 어느 심리학 자의 이야기를 했다. 그것은 히로시 식당에서 저녁을 먹으며 그가 나에게 해주었던 바로 그 이야기였다. 이야기를 마치고 위대한 네트워커가 질문했다.

"자, 조지! 제가 심리학자이고 당신이 옆자리에 앉은 사람이 라고 가정해 봅시다. 그러면 당신은 어떻게 해서 제가 당신에 게 질문만 했는데도 저를 두고 이 세상에서 가장 흥미로운 사 람이라고 생각하게 되었는지 이해하시겠습니까?"

"네."

"좋습니다. 그러면 왜죠?"

"글쎄요. 제 생각엔 당신이 저에게 관심을 가져주셨기 때문 인 것 같습니다."

"같다고요? 그렇다면 제가 매우 흥미로운 사람이라는 것에 대해 확신을 갖고 있지 않습니까?"

"제 생각에는… 아니, 당신은 제게 관심을 가져주셨기 때문에 저는 당신이 흥미로운 분이라고 생각했습니다."

위대한 네트워커는 그 말을 듣고 청중을 향해 말했다.

"우리는 모두 똑같습니다. 우리는 상대적인 세상에 살고 있는 것입니다. 이것이 바로 진정한 상대성 이론입니다. 모든 것이 상대적이지요. 그렇다고 이 자리에서 제가 아인슈타인이 틀렸다고 말하려는 것은 아닙니다. 앞으로도 아인슈타인의 E=MC2는 확고한 과학적 이론이 될 것입니다.

제 이야기는 사람들이란 상호적이라는 것이지요. 저는 저를 좋아해 주는 사람을 좋아합니다. 저를 사랑해 주는 사람을 사랑합니다. 제게 관심이 없는 사람에 대해서는 저도 관심이 없습니다. 여러분도 그렇지 않습니까?"

그가 손을 들어 보이며 물었다. 그러자 청중들도 동의했다.

"모두 상대적인 것입니다. 여러분과 저는 서로 관계가 있습니다. 다른 인간과의 관계를 최상으로 만드는 방법은 상대방의 이야기를 들어주는 것입니다. 진정으로 경청하여 주는 것입니다. 이해가 되십니까? 여러분!"

그는 질문을 던지고 나서 크고 강력한 목소리로 힘주어 이렇게 말했다.

"하지만 아무도 귀기울여 듣지 않습니다. 아무도!"

그는 청중들을 바라보며 무대 위에 앉아 있었다. 30초? 아니 1분 동안 그는 한 마디도 하지 않았다. 그리고 나서 그는 부드럽게 다시 되풀이했다.

"아무도 귀기울여 듣지 않습니다."

그는 무대에서 내려와 강연장의 오른편으로 걸어가서는 청중들에게 이야기를 했다.

"혹시 이런 경험을 해본 적이 있습니까? 음… 거리를 가고 있다가 전에 만난 적이 있던 사람이 다가오고 있는 것을 보았습니다. 그 때 여러분은 반가워서 미소를 짓습니다. 그리고 서로 가까이 다가갔을 때 그녀는 미소를 지으며 말합니다. '안녕하세요?' 그리고는…."

위대한 네트워커는 이 말을 하면서 반대 방향을 향해 마치 잃어버린 무언가를 찾고 있는 듯이 손을 뻗어 앞으로 휘저었다.

"그녀는 여러분 앞을 지나쳐 가버리고 말았습니다! 여러분은 막 자신의 근황에 대해 말하려던 참이었습니다. 사장이 얼마나 여러분을 괴롭히는지 또한 얼마나 돈을 더 벌고 싶은지 작년보다 얼마나 스키를 더 잘 타고 싶어하는지, 딸이 어떻게 공부를 하고 얼마나 성적이 올랐는지 등을 말하고 싶었습니다. 하지만 그 이야기들은 이미 가버린 사람의 등뒤에다 대고 할 수밖에 없습니다. 그녀는 이미 저만치 걸어가고 있기 때문이죠. 그녀는 이야기를 듣지 않았습니다. 그녀는 여러분에 대해 전혀 알고 싶지 않았던 것입니다. 이런 경험을 해본 적이 있습니까?"

그리고는 우리가 대답을 하기도 전에 손을 들어올리며 말했다.

"잠깐만요, 사례가 안 좋았습니다. 상대방을 여자 대신 남자로 했어야 했는데…. 여성들은 항상 멈춰 서서 이야기를 하거든요. 어떻습니까? 그렇지 않습니까?"

여성 청중들이 동의하자 우리는 모두 한바탕 웃음을 터뜨렸다.

"상대방이 말하고자 하는 내용을 이미 알고 있다고 생각하여 상대방의 이야기를 중간에 자르는 분은 몇 분이나 됩니까?"

그러자 청중 가운데 몇 몇이 손을 번쩍 들었다.

"여러분은 상대방의 이야기를 듣지 않는군요. 그것은 독심술이지 이야기를 듣는 것이 아닙니다. 여러분 중에 상대방과 이야기를 하면서 자신의 순서를 기다리지 못해 대화 도중에 끼어 들거나 자신의 이야기를 하고 싶어 그저 상대방이 이야기를 멈추기만 기다리는 분은 몇 분이나 됩니까?"

하지만 이번에는 사람들의 손이 올라가는 것을 기다리지도 않고 이렇게 말했다.

"이야기를 듣지 않는군요."

"결혼하신 분?"

청중의 4분의 3이 손을 들었다.

"그렇다면 배우자는 여러분이 이야기를 듣지 않는다는 사실을 알고 계시겠군요."

그는 웃었고 우리들도 따라 웃었다.

"자녀가 있습니까? 자녀들은 여러분이 이야기를 듣고 있지 않다는 것을 알고 있습니다. 또한 여러분도 수년간 자녀들의 이야기를 한 마디도 듣고 있지 않다는 사실을 알고 있습니다!

어째서 자녀들에게 모든 것을 다섯 번씩 말해야 하는 겁니까?
그만해라. 그만해라. 그만해라. 그만해라. 그만해라!"

청중들은 웃음을 터뜨리며 동의의 뜻으로 고개를 흔들거나
끄덕였다. 그는 다시 무대 끝에 놓인 의자에 돌아와 앉았다.

"여러분은 이야기를 듣지 않습니다. 아무도 듣지 않습니다.
우리가 이야기를 하는 상대방의 99.999%는 우리 이야기를 듣
지 않습니다. 그렇다고 우리가 나쁜 사람이기 때문은 아닙니
다. 그것은 인간이기 때문입니다. 단지 그것뿐입니다.

혹시 중학교 과정에서 청취법을 배운 분이 있습니까? 대학
에서 청취법에 대한 강의로 학점을 취득한 분이 있습니까?"

물론 아무도 없었다.

"여러분 중에서 관리자의 위치에 있거나 영업직에 있는 분
은 '적극적인 청취법'과 같은 강의를 들으셨을 것입니다.

그것은 6시간 짜리 강의인데, 회사는 하루에 5천 달러를 내
고 커뮤니케이션 전문가를 모셔오지요. 하지만 이것이 제가
말하려는 요지는 아닙니다.

제가 말하고자 하는 '창의적 청취'는 요즘 보기 드문 경우
로, 대부분의 청취는 반응적 청취입니다.

창의적 청취는 두 가지로 나누는데 개방적 청취와 계획적
청취입니다.

그리고 반응적 청취는 폐쇄적 청취와 무의식적 청취로 나눕
니다.

폐쇄적 청취는 듣는 내용에 대해 개방적이지 못한 것입니다. 마치 낙하산이 펴질 때에만 작동하는 것과 같은 원리의 청취 습관입니다.

무의식적 청취란 과거의 경험을 토대로 한 청취 습관입니다. 이것은 이미 틀이 짜여진 청취로 과거의 인생, 일, 경험 등에 의해 컴퓨터처럼 프로그램화된 자동적인 청취 습관이죠.

이러한 청취는 선택에 의해 이루어진 것이 아닙니다. 또한 본인이나 상대방에게 아무런 도움이 안 되죠.

이야기를 하나 하겠습니다. 이 이야기는 스테판 코비 박사의 베스트셀러 〈성공적인 사람들의 7가지 습관〉에 나온 것입니다. 여기에는 폐쇄적 청취와 무의식적 청취에 대한 사례가 나오고 있습니다.

어느 일요일 아침, 코비 박사는 뉴욕에서 전철을 탔습니다. 주중에는 전철에 사람이 많지만 일요일에는 사람이 별로 없기 때문에 한가롭게 뉴욕타임즈, 카푸치노, 베이글, 훈제연어를 즐길 수도 있습니다.

전철이 역에 들어서고 문이 열리자 차안으로 두 명의 와일드한 아이들과 그들의 아버지가 탔습니다. 이 꼬마들은 앞 뒤로 뛰어다니며 사람들과 소지품을 툭툭 치고 다니는가 하면 심지어 어느 숙녀의 신문을 낚아채기까지 하였습니다!

그러면 반응적 청취 습관을 갖고 있던 코비 박사는 이 아이들의 아버지에 대해 어떻게 생각했을까요?"

"책임감이 없다고 생각했을 겁니다."

한 남자가 대답했다.

"아이들 다루는 법을 모른다고 생각했을 겁니다."

어느 여성이 말했다.

"나쁜 부모."

또 다른 사람이 말했다.

"맞습니다. 정말로 무책임한 아버지입니다. 그렇지 않습니까?" 위대한 네트워커가 말했다.

그리고 대부분의 청중들이 이 말에 동의했다.

"마침내 코비 박사는 그 남자를 향해 화가 난 목소리로 말했습니다. '이것 보십시오! 댁의 아이들이 사람들에게 방해가 되고 있지 않습니까? 아이들의 행동에 책임을 지셔야죠. 당장 아이들이 저런 짓을 못하도록 하세요!'

그러자 그 남자는 처음으로 고개를 들어 코비 박사를 보더니 눈을 감고 머리를 앞뒤로 천천히 흔들면서 말했습니다. '죄송합니다. 아이들이 무엇을 하는지 몰랐습니다.

저희는 지금 막 병원에서 오는 길인데 아이들의 엄마가 오늘 아침에 죽었습니다. 아이들도 어찌할 바를 모르고 저러는 것 같습니다. 저도…'"

낮은 목소리로 이 이야기를 하던 위대한 네트워커는 더 이상 말하지 않고 자리에 앉았다. 그 이야기에 청중들도 숨을 죽이고 있었다. 잠시 후, 위대한 네트워커는 말을 이었다.

"반응적 청취 습관을 갖고 있던 코비 박사는 아니, 전철 안에 있던 대부분의 사람들도 마찬가지로 그 남자가 무책임하고 한심한 사람이라고 생각했습니다. 이것이 바로 반응적 청취 자세입니다.

하지만 새로운 정보를 접하고 나서 코비 박사의 청취 자세는 180도 바뀌었습니다. 역겨워하던 자세에서 동정의 자세로 바뀌었던 것입니다. 즉, 분노의 감정에서 사랑의 감정으로 바뀌어 그 대신 '무엇을 도와드릴까요?' 라고 묻게 된 것입니다.

반응적 청취는 머리 속으로 자기 자신과 대화를 나누는 것입니다. 즉, 자신의 의견, 해석, 동의, 반대, 독심술, 판단, 평가, 비교, 논쟁 등을 통해 이야기를 듣는 것입니다.

따라서 반응적 청취나 무의식적 청취 습관을 갖고 있는 한, 진정한 대화, 진정한 학습, 진정한 의견 교환, 진정한 동지애, 진정한 친밀감, 진정한 파트너십, 진정한 우정은 있을 수 없습니다. 관계 자체가 성립되지 못하는 것이지요."

그는 마지막 말을 남기고 무대에서 일어나 물을 한 모금 마셨다.

"여러분! 여러분은 네트워커로서 '관계' 사업을 하고 있는 것입니다. 이것은 여러분의 생업이므로 여러분은 관계를 만들고 유지해야 합니다. 또한 이러한 관계를 우정으로 발전시켜 나가야 합니다. 그리고 그 우정이 파트너십으로 발전되었을 때 우리는 그것을 스폰서라고 부르죠. 이러한 파트너십이 수십, 수백, 수천 개가 모이면 그룹이 형성됩니다. 이렇게 하기 위해서는 지도력이 필요합니다.

이것은 듣기와 말하기를 통해 이루어집니다. 하지만 우선 듣기를 학습하십시오. 듣기는 말하기보다 더 힘든 부분입니다. 그러나 말하기는 여러분 모두가 오늘 당장 배워서 사용할 수 있는 쉬운 방법이 있습니다. 이 방법은 연습만 한다면 한 달 아니 더 짧은 기간에 숙달할 수 있습니다.

자, 우선 여러분이 읽어야 할 기사를 준비했습니다. 루비! 이 기사를 사람들에게 나눠주시겠습니까?"

그는 가지고 온 복사물을 그녀에게 나눠주도록 건내주면서 말했다.

"그럼 20분간 쉬도록 하겠습니다. 그 동안 머리도 식히고 나눠드린 기사도 읽어보는 것이 어떻겠습니까?"

"좋습니다."

우리가 동의를 하자 그는 이렇게 말했다.

"20분 뒤에 뵙겠습니다. 다시 한 번 시간을 내주신 것에 감사드립니다."

다음은 위대한 네트워커가 나눠준 기사이다.

'다른 사람의 이야기를 들을 수 없는 11가지 이유'

어느 연구결과에 따르면 사람들은 주어진 시간 중 25%만을 듣는데 할애하고 나머지는 생각을 하거나 말하는데 써 버린다고 한다. 이것은 현대를 살아가는 대부분의 사람들의 습관이며 네트워크 마케팅 업계에서도 마찬가지이다.

그러나 이야기를 듣지 않는 사람은 마땅히 알아야 할 것들을 알지 못하게 되며 관계를 이뤄나갈 가능성은 전혀 없다. 그리고 학습은 실패하게 되고 성공은 멀어진다.

이야기를 듣지 않으면 말하는 사람은 어떻게 될까?

이것은 양쪽이 모두 패배하는 게임이 되고 말 것이다. 이야기를 듣지 않는 것은 본인과 상대방 모두 패배하는 결과를 낳게 되는 것이다.

그렇다면 우리는 왜 이야기를 듣지 않는 것일까?

우리는 왜 다른 사람의 이야기를 듣지 않는 것일까?

여기에는 11가지 이유가 있다. 그리고 그 11가지 이유에 대한 각각의 설명을 보면 '반응적 청취'와 관련되어 있음을 알 수 있다.

만약 당신이 '반응적 청취'의 습관을 갖고 있다는 것을 깨닫는다면, '창의적인 청취' 습관을 통해 대화를 좀더 훌륭하게 이끌어갈 수 있을 것이다.

그러므로 자신이 상대방의 이야기를 듣고 있지 않다고 느끼는 그 순간 듣기에 전념하라. 그리고 이러한 청취 습관 대신 해야 할 일을 살펴보라. 그러면 습관을 바꿔 개방적이고 창의적으로 상대방의 이야기를 들을 수 있게 된다.

다음은 다른 사람의 이야기를 듣지 않는 11가지 이유이다.

① 비교

사업자에게 있어 '비교'는 치명적이다. 그리고 비교란 곧 경쟁이다. 하지만 자신의 고객, 친구, 가족과 경쟁하고 싶지는 않을 것이다. 우리는 대화를 잊고 있다. 이야기에 집중하라. 이야기하는 사람에 대해 평가를 하지 말고 이야기를 들어라.

② 이탈

상대방의 이야기 중간에 끼어 드는 것은 "당신의 이야기에 관심이 없소"라고 말하는 것과 같다. 또한 이야기가 끝나기도 전에 화제를 바꾸어 상대방의 관심을 다른 곳으로 유도하는 것이 되고 만다.

만약 상대방의 이야기가 끝났는지 확실하지 않다면 "말씀이 끝나셨습니까?"라고 묻는 것이 좋다. 또는 "말씀하시고자 하시던 이야기를 모두 하셨습니까?"라고 물어라. 그리고 나서 화제를 바꾸도록 하라. 하지만 가능하다면 상대방이 스스로 화제를 바꾸도록 하는 것이 더 낫다. 만약 진행중인 대화를 더이상 참을 수 없다면 상대방의 양해를 구하라.

"다른 이야기를 했으면 좋겠는데, 괜찮겠습니까?"

③ 생각하기

"죄송하지만 뭐라고 하셨습니까?" 혹은 "다시 한 번 말씀해 주시겠습니까?" 아니면 "뭐라고요? 아, 죄송합니다. 이야기를 정확하게 듣지 못했습니다."

이렇게 말한다면 대화는 존재할 수 없게 된다. 이렇게 말하는 사람은 분명히 상대방을 하찮게 여기고 있는 것이며 상대방도 무시당한다는 기분을 느끼게 될 것이다. 이것은 좋은 방법이 아니다.

물론, 때로는 상대방의 이야기에 대해 잠시 생각하고 싶을 때가 있다. 그럴 경우에는 즉시 대화를 중단하고 "잠깐만요, 방금 하신 말씀에 대해 생각해 보아야겠습니다"라고 말하라.

그러면 상대방도 당신을 존중하게 될 것이며, 그렇게 말해준 것에 대해 고마워할 것이다.

④ 반대 의견

가장 빨리 적을 만들고 싶으면 상대방의 이야기에 반대하고 논쟁을 벌이며 무시하고 믿지 말라. 만약 그렇게 하고 싶지 않다면 상대방이 틀렸다는 생각이 들 때, 상대방의 이야기를 충분히 듣고 나서 자신의 생각을 이야기하라. 어차피 반대는 대화의 한 부분이다. 그러나 반대를 할 경우에는 먼저 상대방의 이야기를 들어주어야 탈이 없다.

⑤ 여과

사실, 상대방의 이야기를 들으면서 개인적인 경험이나 사고, 입장, 관점, 의견과 관계없이 이야기를 듣는 것은 어려운 일이다. 그러나 그렇게 해야만 진정으로 상대방의 이야기를 들을 수 있게 된다. 이야기를 들을 때에는 자신의 의견은 접어두고 이야기를 들어라. 그렇게 하지 못하면 영원히 자신의 이야기만 듣게 될 것이다.

⑥ 동일시

우리는 간혹 "나는 똑같이 할 수 있다"라거나 "당신은 나와 같다" 혹은 "위인과 똑같이 생각해라" 라는 말을 사용하지만 실제로 위인은 이러한 의견에 반대한다. 그것이 바로 그들을 위인으로 성장시킨 방법이다.

위인은 다른 생각을 개발하고 자신의 생각에 도전을 하였으며 새로운 사고와 경향을 좋아했다.

물론 취미나 사고방식이 같은 사람을 만나는 것은 재미있는 일이다. 그러나 동의와 반대에 대해 어떻게 청취하는지 주의를 기울여 보라. 자신의 생각과 동일한 의견만 듣는다면 외로워질 것이다.

그렇다고 모든 의견, 모든 사람과 같은 사고방식을 지닐 수는 없다. 어찌되었든 진정으로 이야기에 귀를 기울일 때, 상대방의 이야기를 들을 수 있게 된다.

⑦ 해석

대화를 나눌 때, 상대방이 모든 것을 마음대로 결정해 버리면 무척 당혹스러워진다.

예를 들어 상대방이 '파란색'이라고 말하면 당신은 무슨 생각을 하는가? 짙은 파란색을 연상하는가? 아니면 옅은 파란색을 연상하는가? 모든 것은 해석하기 나름이다.

심지어 똑같은 실험을 했을지라도 과학자마다 다른 의견이 나올 수 있다.

어떤 사람이 "이것은 네모와 같은가?"라는 질문을 했다고 하자. 그리고 이쪽에서 "절대로 아닙니다"라고 대답했을 때, 상대의 반응은 "저런 안 됐군요. 나는 네모에 대해 알고 싶습니다"라는 것일 수도 있다.

해석하지 말라. 대신 이야기를 듣고 상대방 이야기의 진정한 의미가 무엇인지 파악하도록 하라.

⑧ 독심술

오스카상을 수상한 영화감독이자 극작가인 마이크 니콜을 이렇게 말했다. "당신은 내 말의 의미를 절대로 알지 못하고 나는 당신 말의 의미를 절대로 알지 못할 것이오."

왜 그럴까?

사실, 다른 사람의 생각을 안다는 것이 쉬운 일은 아니다. 우리는 다른 사람의 마음을 읽을 수 없다. 그리고 우리는 다른 사람의 생각과 감정을 알 수 없다. 만약 서로가 직관적으로 공감했다면 분명 '텔레파시'가 통했기 때문일 것이다. 그러므로 항상 물어 보는 것이 최상의 방법이다. 우리는 모두 다른 사람의 마음을 읽고자 한다. 그러나 우리가 진정으로 원하는 사람은 사업 파트너가 아닌가?

⑨ 위로

상대방이 계속해서 머리를 끄덕이며 자신의 이야기에 동의를 한다면 기분이 어떻겠는가? 안정감과 편안함을 느끼는가? 대부분의 사람들은 '닭살'이 오를 것이다. 이것은 '친절한 모습'이 오히려 '불편한 상황'을 만들어내는 경우이다.

상대방의 기분을 살펴가며 반대나 갈등을 피하려고 하다가는 오히려 반대의 결과를 얻을 수도 있다. 즉, 신뢰감을 잃어버릴 수도 있는 것이다.

행복하고 싶다면 밝은 미소를 띠고 이야기에 귀를 기울여라. 부정적인 생각을 하면서 얼굴에 밝은 미소를 띠는 것은 불가능하다.

⑩ 계획

　대화를 나누면서 앞으로의 대화에 대해 계획을 세운다면 상대방의 이야기를 듣지 않는 것이다. 왜냐하면 계획에 몰입하기 때문이다. '계획'은 보통 '숨겨진 의도'를 지닌 사람들이 사용한다. 즉, 대화의 결과를 통제하기 위해 세운 비밀계획인 것이다. 어찌되었든 계획을 세우는 사람은 진정으로 이야기를 듣는 것이 불가능하다.

⑪ 연습

　다음에 이야기할 내용만 미리 생각하고 있다면 상대방의 이야기를 들을 수 없다. 자기 자신에 대해 더 많은 관심을 갖고 있는 사람은 상대방의 이야기에 관심을 가질 수 없게 되며 때로는 싸움을 하는 것처럼 거칠어지기도 하는 것이다.

　스튜어트 에머리는 그의 책 〈실현화〉의 소제목에서 이렇게 말했다. "자기다워지기 위해 연습할 필요는 없다."

　어쨌든 우리 모두가 해야 할 일은 진정으로 이야기를 듣는 것이다.

story ⑤

어디에 사세요?

"자, 자리에 앉아 주십시오."

위대한 네트워커가 무대에서 큰소리로 말했다. 그리고는 팔목의 시계를 바라보며 이렇게 말했다.

"6분이 늦었군요. 늦게 시작한 점, 사과 드립니다. 특히 시간에 맞춰 들어오신 분들께 사과 드립니다.

〈빅 알〉시리즈의 저자인 톰 슈라이터는 '시간에 맞춰 온 사람들이 늦게 오는 사람들을 기다리는 것은 정말로 부당한 것'이라고 지적했습니다. 그래서 저는 늘 정시에 시작하려고 합니다만 가끔은 시간에 맞춰 시작하지 못하는 경우가 있습니다. 정말 죄송합니다.

자, 제가 드린 자료 '멈춰 서서 보고 들어라'를 읽고 어떤 점이 가장 흥미로웠습니까? 여러분 중에 '이야기를 듣지 않는 11가지 이유'에 해당되는 행동을 하시는 분이 있습니까?"

그러자 청중들 가운데, 많은 사람들이 자신의 청취 자세가 반응적이라는 것을 인정하였다. 그는 그렇게 사람들의 공감을 불러일으킨 다음 이렇게 말했다.

"이제 여러분은 청취가 얼마나 중요한 것인지 깨닫게 되었습니다. 또한 창의적 청취는 가장 강력하면서도 전문적인 기술이 될 수 있습니다. 그것은 저와 제 직업, 제 인생에서 입증된 사실입니다.

청취는 하나의 기술입니다. 청취는 기술이기 때문에 얼마든지 개발할 수 있습니다. 훈련과 연습으로 청취의 대가가 될 수도 있는 것입니다. 스스로 이 기술을 갈고 닦으면서 최고에 이르는 길은 오직 연습뿐이라는 사실을 명심하십시오. 저는 훌륭한 분들과 단체를 통해 청취에 대해 공부해 왔습니다.

제가 처음으로 청취에 대해 배운 곳은 커뮤니케이션 과정에서였습니다. 그리고 저는 아놀드 세갈이라고 하는 분으로부터 '대화법'이라는 고급과정을 공부하기도 했습니다.

이 과정에서는 주로 페르난도 플로레스(Fernando Flores)라고 하는 인물에서부터 강의가 시작됩니다.

로고네트라고 하는 조직을 갖고 있는 플로레스는 칠레의 정치범으로 한 때는 국회의 각료이기도 했습니다. 그와 그의 가족은 모진 고문을 당하다가 국제사면위원회의 도움으로 미국으로 건너 온 사람입니다. 그는 미국에서 각종 세미나를 열었으며 언어를 새롭게 이해하여 듣기와 말하기의 새로운 장을 개척하였습니다.

그리고 제 개인적으로 볼 때, 이 지구상에서 청취 분야의 대가는 캐롤 맥콜이라 생각합니다. 그녀는 제 스승이자 절친한 친구이기도 합니다. 그녀는 '청취의 힘'이라는 강의를 개설했으며 같은 이름으로 테이프 시리즈도 제작하였는데 모두 여러분께 꼭 권하고 싶은 도구입니다."

여기까지 말한 그는 갑자기 앞줄에 있는 조지를 불렀다.

"조지, 기사를 읽은 소감이 어떻습니까? 여전히 당신의 가장 큰 문제가 '말하기'라고 생각하십니까?"

조지는 일어서서 답변하였다.

"글쎄요. 청취가 이렇게 중요한 것인지 몰랐습니다. 그리고 저는 아직 청취에 능숙하지 못하다는 것을 알게 되었습니다."

"아뇨. 그렇지 않은데요."

그의 옆자리에 앉아 있던 한 여성이 장난스럽게 대답했다.

"신사숙녀 여러분! 조지 부인을 소개하겠습니다. 맞습니까? 부인!"

위대한 네트워커가 재미있다는 표정으로 말했다. 그리고 그녀가 맞다고 대답하자 이름을 물었다.

"자네트입니다."

"자네트! 우리는 지금 바로 그 점에 대해 조지와 연구 중입니다. 제가 약속드리건대, 오늘 저녁 잠자리에 들기 전까지 많은 이야기를 하시게 될 것이며 또한 많은 이야기를 듣게 될 것입니다."

그러더니 아직도 서 있는 조지에게 가까이 가서 말했다.

"당신은 반응적 청취 자세에서 '창의적 청취 자세'로 변화할 수 있다고 생각하십니까?"

"네."

"이제 당신은 청취가 중요하다는 것을 배웠습니다. 아울러 이러한 능력은 향상의 여지가 있습니다. 그렇지 않습니까?"

"물론입니다."

조지가 대답했다.

"제가 생각하건대… 아, 물론 저는 독심술사가 아닙니다만 당신은 그 밖에도 하고 싶은 말이 더 있는 것 같은데요. 맞습니까?"

"무슨 말씀인지 잘 모르겠습니다."

조지는 약간 당황해하며 그에게 답했다.

"조지씨는 '청취는 중요합니다. 그리고 더 잘할 수 있을 것입니다. 하지만…' 이라고 말하는 것처럼 보이는데요. 그 하지만 다음에 나올 말이 무엇이죠?"

"하지만… 저는 여전히 말을 잘하지 못합니다."

"좋습니다! 당신은 진솔합니다. 그렇게 말씀해 주셔서 감사합니다."

그는 조지를 뒤로 하고 청중을 향해 말했다.

"저는 아까 말하기는 연습을 통해 단시간 내에 숙달될 수 있다고 말했습니다. 그리고 뉴욕에서 L.A.까지 비행기를 탔던 어느 심리학자의 이야기도 기억하실 것입니다. 심리학자가 도대체 무엇을 했습니까?"

그는 청중의 대답을 유도하며 질문을 했다. 그리고 청중들은 그가 원하는 답변을 했다.

"질문을 했습니다."

"맞습니다! 정말 똑똑하신 분들이군요. 그래서 저는 네트워크 마케팅 사업자들을 좋아합니다."

그는 즐거운 듯이 손뼉을 쳤다.

"바로 그것입니다. 질문을 하십시오. 그것이 바로 말을 잘하는 지름길입니다. 사람들과 신속하고 성공적인 관계를 만들어갈 수 있는 가장 좋은 방법 또한 질문을 하는 것입니다."

"질문 있습니까?"

그가 웃으며 물었다. 잠시 침묵이 흐르더니 누군가 질문을 했다.

"어떻게 질문을 시작합니까?"

"좋은 질문입니다!"

그는 웃음을 터트리며 말했다.

"가장 쉬운 질문은 '어디에 사세요?' 라고 물어 보는 것입니다. 사실, 무엇을 질문해도 괜찮습니다. 중요한 것은 '질문은 묻는데 역점을 두어야 하는 것이 아니라 듣는데 있다' 는 것을 아는 것입니다. '어디에 사세요?' 라는 질문은 간단하고 대답하기도 쉽습니다. 왜냐하면 모든 사람들이 어딘가에 살고 있기 때문이죠. 심지어 집 없는 사람도 어딘가에 살고 있지 않습니까?

즉, 질문에는 안전한 부분이 있어야 합니다. 대화를 나누는 상대방이 편안하고 안정감을 느낄 수 있도록 해야 하는 것입니다. 거주지를 묻는 질문에는 위협적인 요소가 없죠.

대화를 부정적 방향으로 이끌어갈 소지가 있는 질문은 가급적 피해야 합니다. 특히 처음 만난 사람과 이야기를 나눌 때는 더욱더 그러합니다.

만약 상대방이 거주지를 묻는 질문을 거북하게 느끼는 것처럼 보인다면 살고 싶은 곳이나 살고 싶은 집 혹은 동네를 물어보아서 대화를 긍정적으로 유도할 수도 있습니다.

특히 직장이나 가족에 대한 질문은 가급적 피하는 것이 좋습니다. 왜냐하면 어떤 사람에게는 불행한 기억을 떠올리게 할 소지가 있기 때문입니다. 또한 저는 재미로라도 종교, 성, 정치에 대한 이야기는 꺼내지 않습니다. 제 경험상으로 볼 때, 많은 사람들이 이러한 문제를 두고 개인적인 것이라고 생각하고 있으며 더 나아가 논쟁을 불러일으킬 소지가 너무 많기 때문입니다.

오늘 저의 목표는 여러분과 사귀는 것입니다. 그것이 오늘의 유일한 목표입니다. 만약 제가 매일 새로운 사람을 사귈 수 있다면 저는 최고의 네트워크 마케팅 조직을 갖게 될 것입니다.

예를 들어 제가 1년에 44주를 일한다고 가정해 봅시다. 1년에 두 달은 업무능률 향상을 위해 휴식을 취해야겠지요. 그렇게 일주일에 5일 동안 매일 새로운 사람들을 사귈 수 있다면…."

그는 잠시 말을 멈추더니 이렇게 말했다.

"고등 산수는 제 전공이 아니라서…!"

"220명이오."

청중 가운데 누군가가 소리쳤다.

"감사합니다! 누가 엔지니어는 네트워크 마케팅에 참여하지 않는다고 말했습니까?"

이 말에 청중 모두가 웃음을 터뜨렸다.

"그래요. 1년에 220명이나 새롭게 만나는 것입니다. 그리고 그들 중에서 10%는 동업자관계로 발전시켜 나갈 수 있습니다. 사실, 그 이상은 어려울 것입니다. 이렇게 매력적이고 스마트한 저도 이들을 동업자 관계로 성장시키는데 15% 정도밖에 성공하지 못했습니다."

그가 웃었다.

"15%면 몇 명이죠? 아까 대답을 해 주신 우리 엔지니어분?"

그는 방금 답변을 한 사람에게 물었다.

"33명이오." 누군가가 답변을 했다.

"그리고 엔지니어가 아니라 회계사입니다."

아까 그 목소리의 주인공이 다시 대답을 했다.

"좋습니다. 성함이 어떻게 되십니까?"

그는 강연장 안을 훑어보며 물었다.

"빈스입니다."

옷을 잘 차려입은 30대의 남자가 자리에서 일어나며 대답했다.

"고맙습니다. 빈스 씨! 저는 1년에 220명의 새로운 사람을 만났고 그 중에서 33명이 새로운 동업자가 되었습니다.

만약 이 33명의 성공적인 네트워커가 자신의 조직에서 3명 내지 5명의 주요 리더의 힘으로 사업을 일구었다면 제가 이 사업을 시작하여 성장시킬 수 있는 가능성은 얼마나 될까요?"

그리고는 위대한 네트워커는 무대를 뛰어 내려 빈스에게로 걸어갔다.

"빈스씨! 저와 한 가지 실험을 해보지 않겠습니까?"

"좋습니다."

"대단히 감사합니다. 빈스 씨!"

위대한 네트워커는 감사의 뜻으로 고개를 숙여 인사를 했다. 그리고 위대한 네트워커는 청중을 향해 이렇게 말했다.

"빈스 씨와 저는 대화를 나눌 것입니다. 제가 빈스 씨에게 어디에 사는지 물어 보겠습니다. 괜찮겠습니까? 빈스 씨!"

"옛. 괜찮습니다."

빈스 씨가 대답했다.

"아니! 육군이었습니까? 해군이었습니까?"

네트워커가 빈스의 목소리를 따라 강한 어조로 물었다.

"공군이었습니다."

"아, 예. 저도 공군이었습니다. 그렇다면 우리는 최소한 한 가지의 공통점을 갖고 있는 셈이네요."

그가 미소를 지었다. 나는 그 모습을 보고 우리의 관계 형성 단계 가운데 말문을 트는 단계에 이르렀다고 생각했다. 빈스는 처음에 약간 긴장을 했지만 이내 긴장을 풀었다는 것을 느낄 수 있었다.

"빈스 씨와 제가 2, 3분 정도 이야기하는 동안 여러분은 창의적인 청취 자세를 연습해 주시기 바랍니다. 빈스 씨가 하는 이야기에 주의를 기울여 주십시오. 말속에 담겨있는 의미를 파악하려 하지 말고 있는 그대로 이야기를 들으십시오.

즉, 빈스 씨의 입을 통해 나온 이야기에만 신경을 써야 합니다. 그의 머리 속에 있는 이야기가 아니라 빈스 씨의 말에 관심을 가지십시오. 빈스 씨가 하는 이야기가 곧 빈스 씨가 의도하는 바가 됩니다. 절대로 추측을 해서는 안 됩니다. 누군가가 자신의 생각을 이야기하면 사람들은 더 잘 알고 있다고 주장을 합니다. 말도 안 되는 이야기지요.

빈스 씨가 제 질문에 대해 뭐라고 답하는지 잘 들어주십시오. 이것이 바로 창의적인 청취법이며 저는 이것을 계획적인 청취라고 부릅니다. 그러기 위해서는 대화의 구체적인 부분에까지 특별히 주의를 기울여야 할 것입니다. 오늘은 빈스 씨의 가치관에 대해 주의 깊게 들어주시기 바랍니다."

위대한 네트워커는 '가치관'이라는 단어를 힘주어 말했다.

"빈스 씨의 가치관은 그의 인생에서 가장 중요한 부분입니다. 가치관은 빈스 씨가 가장 중하게 여기는 부분이며 열정을 가지고 평생에 걸쳐 노력을 기울이는 부분이기도 합니다.

그러므로 빈스 씨의 가치관을 계획적으로 주의깊게 듣도록 당부하고 싶습니다. 이것은 예상고객과 대화를 나눌 때 필요한 청취법이기도 합니다.

가치관은 인생이라는 건물을 짓는 벽돌과 같기 때문에 우리 모두가 개발하고 경험해야 할 중요한 부분입니다. 또한 가치관은 모든 관계의 기초가 됩니다. 다른 사람의 가치관에 대해 이해나 존중을 하지 못한다면 그 관계는 진실된 관계가 될 수 없습니다. 동업자 관계는 고사하고 친분도 쌓을 수 없게 됩니다.

네트워크 마케팅에서 두 사람간의 융화 정도를 알아보려면 그 사람의 가치관을 보면 됩니다. 그리고 '상대방의 눈을 통해 보기 전까지는 아무도 물건을 사지 않는다' 는 말을 명심하십시오.

사업적인 측면에서 본다면 사람들은 회사에 참여하는 것이 아닙니다. 그렇다고 제품이나 보상플랜, 사업기회를 사는 것도 아닙니다. 사람들이 사는 것은 바로 여러분과의 '관계' 입니다. 그리고 그 관계는 가치관의 교류 즉, 가치관을 공유하고 인정하고 존중하는 가운데 형성되는 것입니다.

제 말이 아직 이해가 안 되는 분이 있습니까? 만약 이해가 안 된다면 모르는 채 앉아 있지 말고 질문을 하십시오. 분명하지 못한 부분이 있다면 그 부분을 이해시켜 드리는 것이 제 소임입니다. 여러분 모두 이제 가치관을 이해하셨습니까?"

대부분의 사람들은 고개를 끄덕였고 혹시 이해하지 못한 사람이 있는지 둘러보는 사람들도 많이 있었다.

"좋습니다. 빈스 씨! 기다려 주셔서 고맙습니다. 지금부터 할 일에 대해 잠시 설명하겠습니다. 저는 빈스 씨와 대화를 나눌 것입니다. 그러면 여러분들은 창의적이고 개방적인 자세로 주의깊게 이야기를 들으셔야 합니다.

여러분의 판단이나 의견, 동의 및 반대, 평가, 비교는 모두 배제되어야 합니다. 여러분은 모든 일을 멈추고 빈스 씨의 가치관에 대해 보고 들어야 합니다. 즉, 빈스 씨 인생에서 무엇이 가장 중요한지 계획적인 자세로 이야기를 청취해 주십시오. 준비되었습니까?"

우리는 경청을 시작했다.

"자, 빈스 씨! 앞으로 나오셔서 저와 함께 앉아 주십시오. 여러분은 힘찬 박수의 위력을 기억하고 계시겠지요? 빈스 씨를 소개합니다."

청중의 박수 소리가 터져 나왔다. 그들은 앞서 배운대로 휘파람을 불고 앞·뒤의 사람들과 이야기를 나누면서 빈스에게 큰 박수를 보냈다. 빈스는 얼굴이 상기되어 무대 위로 올라왔다. 위대한 네트워커는 빈스의 손을 다정하게 잡으며 한 쪽 손은 빈스의 어깨에 올린 채 무대 끝에 있는 그의 옆자리로 인도했다. 그리고는 빈스에게 우유를 건네주고 이야기를 시작했다.

"자, 빈스 씨! 어디에 사십니까?"

빈스는 깊은 숨을 들이마신 뒤 곧바로 대답했다.

"대학교 근처에 삽니다."

"어떤 곳입니까?"

나는 위대한 네트워커가 빈스에게 완전히 주의를 집중하고 있음을 느낄 수 있었다.

"저는 제가 살고 있는 동네를 좋아합니다. 직장과의 거리도 가깝기 때문에 날씨가 좋은 날에는 걸어서 출근을 합니다. 거리는 깨끗하고 안전하며 사람들이 정말로 재미있습니다."

"사람들이 재미있다뇨?"

위대한 네트워커가 물었다.

"글쎄요. 생동감이 넘치고 재미있어서 늘 활력을 느낍니다."

빈스가 웃으며 말했다.

"테니스장이 있어서 항상 테니스를 칠 수 있고 사람을 만날 수 있는 좋은 장소도 있습니다. 커피숍이나 식당, 클럽에 가면 사람들과 쉽게 대화를 나눌 수 있습니다. 사람들은 매우 개방적이죠. 그리고 항상 음악이 있습니다. 새로운 밴드, 재즈 심지어 고전 음악이 공연장에서 연주되기도 합니다. 그래서 매일 저녁을 새롭게 보내고 있습니다."

빈스가 이야기를 하는 동안 위대한 네트워커는 빈스의 얼굴에 눈을 고정시키고 있었다. 비록 무표정한 얼굴이긴 했지만 의도적으로 빈스의 이야기 그리고 빈스에 대해 관심을 갖고 있는 것이 역력했다.

"굉장히 활동적인 분이시군요."

"예, 저는 독신이라 바쁜 것을 좋아합니다. 그리고 새로운 사람들을 만나는 것을 좋아하죠. 특히 여성들을…."

빈스는 약간 수줍어하며 대답했다.

"왜 그렇죠?"

위대한 네트워커는 웃으며 물었다. 그리고는 손을 빈스의 어깨에 얹고 말했다.

"개인적인 문제라 대답하기가 곤란하다면 안 하셔도 좋습니다. 혹시 심각하게 생각하고 있는 일. 예를 들어 지속적으로 만날 수 있는 상대를 찾거나 아니면 이제 새로운 사람을 찾고 있지는 않습니까?"

빈스는 위대한 네트워커를 잠시 쳐다보더니 얼굴이 다시 붉어지며 생각에 잠겨 대답했다.

"새로운 사람을 찾고 있긴 합니다. 하지만…, 몇 개월 전에

5년간 만나던 사람과 헤어졌거든요. 저는 사람들과 함께 있는 것을 좋아합니다. 그래서 혼자 있는 시간이 늘어날까 봐 은근히 걱정이 됩니다. 사실 저는 꽤 괜찮은 남자입니다. 그래서 세상에서 최고로 괜찮은 여성을 찾고 있는 중입니다."

"세상에서 최고로 괜찮은 여자!"

위대한 네트워커가 빈스의 말을 되풀이했다.

"멋지군요. 빈스 씨! 그렇다면 원하는 여성상이 있겠죠?"

"물론입니다." 빈스가 분명하게 대답했다.

"그러면 원하는 수준도 꽤 높겠군요."

"그렇습니다."

빈스는 웃으며 대답했다.

"저는 옛날 우리 아버지가 결혼한 여자와 같은 여자를 원합니다." 빈스는 옛날 노래의 가사를 읊조리듯 웃으며 말했다.

"나이는 젊어야겠지요?"

위대한 네트워커가 묻자, 빈스는 한 마디를 덧붙이면서 고개를 끄덕였다.

"그리고 분명 이태리 여자여야 합니다."

"제가 당신의 생각을 어떻게 알았을까요?"

위대한 네트워커가 웃으며 말했다. 그리고 나서 그는 빈스에게 손을 내밀어 악수를 청하며 말했다.

"오늘은 여기서 중단하기로 하겠습니다. 대단히 즐거웠습니다. 특히 정직하게 말씀해 주셔서 고맙습니다. 빈스 씨께서 원하는 것을 분명히 표현해 주셔서 많은 도움이 되었습니다. 당신은 제가 사귀고 싶은 분입니다. 하지만 지금은 다시 당신의 자리로 되돌아가야 합니다."

그는 청중을 향해 몸을 돌리며 이렇게 말했다.

"명함이 있으십니까? 언제 한 번 점심이나 커피 또는 저녁을 함께 하시지 않겠습니까? 아니면 테니스를 한 판 치면 어떨까요?"

"좋습니다."

"언제든지요?"

"언제든지 좋습니다."

"그럼, 한가하게 게임을 즐길 수 있을 때 만나기로 하지요."

그가 웃자 빈스도 함께 웃었다.

"오늘 당신과 이야기를 할 수 있어서 정말 기뻤습니다. 당신과 친구가 되었으면 합니다."

빈스는 주머니에서 명함을 꺼냈다.

"여러분! 저는 앞으로 빈스 씨와 다시 만날 것입니다. 아마도 몇 차례 만나게 되겠지요. 빈스 씨는 저보다 테니스를 잘 치실 것 같습니다. 오늘 빈스 씨가 우리의 만남에 대해 만족하고 마음을 열어주셨다고 생각합니다. 맞습니까? 빈스 씨!"

"네."

빈스가 공손하게 대답했다.

"우리는 앞으로 다시 만날 것입니다. 그런데 저는 저의 제품에 대해서는 한 마디도 하지 않았습니다. 회사에 대해서도 언급하지 않았습니다. 또한 훌륭한 사업기회를 소개하지도 않았습니다. 왜냐하면 할 필요가 없었기 때문입니다.

다음에 우리가 2번, 3번, 아니면 10번 만나는 중에 빈스 씨가 제게 물어볼 테니까요! 그렇게 되면 행복하지 않을까요?"

빈스가 무대에서 내려와 자리에 앉을 때까지 여러 번의 박수가 터져 나왔다. 이미 청중들은 박수를 치는 요령에 대해 익숙해져 있었다.

"오늘 이 모임에서 우리가 배워야 할 단 한 가지는 네트워크 마케팅은 '관계사업'이라는 점입니다. 빈스 씨와 제가 나눈 대화를 상기해 보십시오. 그 대화가 고객모집을 위한 대화였습니까?"

그는 청중들의 대답을 유도하기 위해 손을 번쩍 들어올리며 물었다.

"맞습니까? 아니면 틀립니까?"

그가 청중에게 다시 물었다. 내 자리에서 보면 모든 사람들이 손을 들고 소리치는 것 같이 들렸다.

"예!"

"여러분을 가르친 보람이 있군요. 잘 하셨습니다!"

그가 웃으며 말했다.

"제가 앞서 말했듯 이 사업은 상대적인 사업입니다. 인간은 '관계' 속에서 살고 있습니다. 그리고 모든 관계는 상호 호혜적입니다.

여러분이 제 등을 긁어주면, 저도 여러분의 등을 긁어드릴 것입니다. 저는 오늘 빈스 씨에 대해 관심을 보였습니다. 그러므로 다음 번에는 빈스 씨가 제게 관심을 갖게 될 것입니다.

다음 번에 저는 빈스 씨의 직업을 물어볼 것입니다. 그러면 빈스 씨는 모두 대답해 주실 것이라고 생각합니다. 왜냐하면 저는 빈스 씨의 이야기를 경청할 것이고 진정으로 관심을 갖고 질문할 것이며 빈스 씨에게 깊은 관심을 갖고 있기 때문입니다. 그리고 제가 장담하건대 빈스 씨 역시 저의 직업을 물어볼 것입니다.

사람은 누구나 자신을 좋아해 주는 사람을 좋아합니다. 또한 자신에게 관심을 갖고 있는 사람에 대해 관심을 갖기 마련입니다. 자신을 사랑하는 사람을 사랑하게 되는 것입니다. 이것이 자연의 이치이죠.

바로 이것이 오늘날 네트워크 마케팅에서 해야 할 일입니다. 저의 스승인 워너 어하드 씨는 개인 그리고 조직의 변화를 위한 세미나의 창시자입니다. 그 분은 이렇게 말씀하셨습니다. '오늘 해야 할 일은 오늘 모두 해야 한다. 왜냐하면 오늘 해야 하기 때문이다'

네트워크 마케팅에서 오늘 해야 할 일은 바로 '관계 형성' 입니다. 새로운 관계를 형성하면서 오래된 관계는 지속시키고 어긋난 관계는 정리하며 끊어진 관계는 다시 연결시켜 보십시오.

관계 형성에 전력을 기울이십시오. 관계를 계속 개발하고 관계를 풍요롭게 만드십시오. 매일 관계를 형성하는데 집중하십시오.

이것이 이 사업에서 해야 할 일입니다. 이 사업의 핵심은 관계를 형성하여 친분을 맺고 동업자 관계로 발전시켜 리더십을 통해 강력한 판매 조직을 형성하는 데 있습니다.

즉, 네트워크 마케팅은 관계 형성하기, 친분 맺기, 동업자 관계 만들기 그리고 리더십의 사업이라고 할 수 있습니다."

여기까지 말한 그는 놀랍다는 듯한 표정을 지으며 의자에 기댔다. 나는 그 표정이 진심에서 우러나온 것인지 일부러 그런 표정을 지은 것인지 구분이 가지 않았다.

"제 이야기의 요지는 우리가 유통 사업을 하고 있다는 것입니다. 배달과 접수, 이것이 우리 사업입니다. 관계 형성하기, 친분 맺기, 동업자관계 맺기, 리더십… 그리고 우리는 온라인으로 돈을 받는 것입니다."

그리고는 화제를 돌렸다.

"빈스 씨가 이야기한 가치관에 대해 기억나는 것이 있습니까?"

앞줄에 앉은 한 여자가 손을 들었다. 그가 그녀를 지목하면서 말했다.

"일어나 주시겠습니까? 성함이 어떻게 되시죠?"

"마리카입니다."

그녀는 억양으로 보아 유럽 태생임을 짐작할 수 있었지만 정확히 어느 지방인지는 알 수 없었다.

"마-리-카."

위대한 네트워커는 그녀의 이름을 천천히 되풀이해 말했다.

"참 아름다운 이름이군요. 어디서 오셨습니까?"

"네덜란드요."

그는 그녀에게 미소를 지으며 말했다.

"당신이 본 빈스 씨의 가치관은 무엇이었나요?"

"빈스 씨는 스포츠를 좋아합니다."

"정말요?"

그가 놀라움에 눈썹을 치켜올리며 물었다.

"어떻게 아시죠?"

"글쎄요. 빈스 씨는 대학 시절에 테니스를 쳤다고 말했죠. 그렇지 않습니까?"

"그랬지요. 하지만 그 외 다른 운동에 대해서는 말한 적이 없는데요. 그렇죠?"

"맞습니다. 그러나 빈스 씨가 테니스를 좋아한다면 다른 운동도 즐길 것입니다."

"아, 대단히 감사합니다."

그리고 나서 위대한 네트워커는 청중을 향해 말했다.

"마리카 양은 우리 모두가 항상 하고 있는 일을 한 것입니다. 빈스 씨는 운동에 대해 한 마디도 언급하지 않았습니다. 물론, 테니스에 대한 이야기는 했었죠. 그래서 마리카 양은 추측을 하게 된 것입니다."

그는 다음 말에 힘을 주어 강조했다.

"빈스 씨가 '테니스를 좋아한다면 다른 운동도 좋아할 것이다.' 하지만 반드시 그렇다고 볼 수는 없습니다."

"빈스 씨는 그렇게 이야기하지 않았습니다. 창의적 청취에서는 상대방이 하지 않은 이야기를 지어내어 마치 실제로 상대방이 이야기한 것처럼 생각하고 이야기해서는 안 됩니다. 이러한 것을 창의적이라고 볼 수도 있겠지만 이것은 제가 추구하는 창의력이 아닙니다."

나는 그가 말하는 요지를 이해할 수 있었다. 분명 이 사업에서 창의적 청취라고 하는 것은 내가 처음 이해했던 것보다 더 심오한 문제였다.

"오직 상대방의 입에서 나온 말만을 들어야 합니다. 그것뿐입니다. 사람들은 상대방의 이야기를 듣기는 하지만 들은 것보다 더 많은 것을 자신이 만들어 버립니다. 만약 이야기를 만드느라고 분주하다면 그것은 상대방의 이야기를 듣지 않았다는 증거가 됩니다."

"그렇다면 비언어 커뮤니케이션은 어떻습니까?"
강연장의 다른 편에서 한 남자가 일어나 물었다.
"모든 커뮤니케이션의 90%는 비언어에서부터 비롯됩니다. 맞습니까?"
"예, 맞습니다."
그 남자가 대답했다.
"저는 비언어 커뮤니케이션이 의미하는 것을 이해하기 위해 여러 시간을 보냈습니다. 하지만 아마존 인터넷 사이트에서 123번째 편찬된 웹스터 사전을 찾지 못했는데, 혹시 여러분 중에서 비언어 커뮤니케이션에 대해 이해하고 계신 분 있습니까? 특히 남자분들 중에서 여성들의 비언어 커뮤니케이션에 대해 이해하고 계신 분 있습니까?"
그가 이렇게 묻자 청중들의 대부분이 웃음을 터뜨렸다.
"그러면 몸을 움츠리고 고개를 갸우뚱하는 것이 무슨 뜻인지 아십니까? 팔짱을 끼고 있으면 어떤 뜻일까요?"

이렇게 말하면서 위대한 네트워커는 과장되지만 매우 우스운 모습으로 시범을 보였다.

"이러한 몸짓이 진정으로 의미하는 바가 무엇인지 알고 계십니까?"

그는 잠시 말을 멈추더니 혼자 마구 웃어댔다. 그리고 숨을 깊게 들이쉬고는 이렇게 말했다.

"이야기를 하나 말씀드리죠. 한 남자가 캘리포니아 해변을 걷고 있었습니다. 발 밑을 내려다보던 그는 모래사장에서 오래된 병을 하나 발견했습니다. 그리고 생각했습니다. '혹시 이 병에 제니(요술램프에 사는 거대한 램프의 요정)가 있는 거 아냐?' 그리고는 웃으며 총총히 해변가를 떠났습니다.

그러나 그는 그 병을 마음속에서 떨쳐 버릴 수가 없었습니다. 그래서 그 남자는 다시 해변가로 돌아와 병의 코르크 마개를 땄죠. 퐁! 그런데 훅 하는 소리와 함께 연기가 피어오르더니 거대한 버섯구름과 함께 요란한 천둥 번개 소리가 났습니다. 그리고 뒤이어 엠파이어스테이트 빌딩처럼 거대한 제니가 나타나 그 남자에게 절을 하며 3,000년 동안이나 이 병 안에 갇혀 있던 자신을 구해 준 것에 감사를 했죠. 제니는 그 남자의 소원을 딱 한 가지 들어주겠다고 말했습니다.

그런데 우연히도 그 남자는 매우 성공적인 네트워커였습니다. 그는 제니에게 자신은 원하는 모든 것을 가지고 있다고 말했습니다. 수백만 달러의 돈과 해변가에 1,400평방미터의 집이 있으며 보트도 있고 항상 퍼스트 클래스로 여행을 하고…. 그래서 그는 제니에게 이렇게 말했습니다. '나는 드라이브를 무척이나 좋아하는데, 나의 회사에서 메르세데스 차를 선물받기로 되어 있다네. 그래서 이 차를 신나게 몰고 가고 싶은데,

예를 들면 전에는 아무도 차를 몰고 갈 수 없던 곳으로 가고 싶다네. 나는 이 차로 하와이까지 드라이브하고 싶어.'

이 말을 듣자 제니는 눈을 굴리며 양손으로 머리를 감싸고 말했습니다. '안 돼요, 안 됩니다. 그렇게 어려운 일을 어떻게? 그렇게 하려면 엔지니어 작업도 필요하고 차도 디자인을 다시 해야 하고 태평양을 가로지를 도로 자재도 구해야 하는데. 제발, 조금 더 쉬운 소원은 없을까요?'

그 남자는 실망해서 잠시 생각에 잠기더니 마침내 새로운 소원을 찾아냈습니다. 그는 제니에게 이렇게 말했습니다. '아, 생각났다. 우리 집사람의 비언어 의사전달 방식을 이해하고 싶어.'

그러자 제니가 말했습니다. '2차선으로 해드릴까요? 4차선으로 해드릴까요?'"

그러자 한 청중이 갑자기 웃음을 터뜨렸다. 위대한 네트워커는 웃음을 터뜨린 그 남자에게 돌아서서 말했다.

"웃으려고 한 이야기가 아닙니다. 성함이 어떻게 되십니까?"

"폴입니다."

그 남자는 여전히 웃으면서 대답했다.

"감사합니다. 폴! 비언어 커뮤니케이션은 분명히 존재하며

이것은 남자, 여자 그리고 아이들에게까지도 매우 중요한 문제라고 생각합니다. 그러나 비언어 커뮤니케이션의 대부분을 저는 이해하지 못하기 때문에 저는 여러분께 질문을 하고 대답을 듣고 싶습니다. 왜냐하면 여러분이 진실을 대답한다고 믿고 있기 때문이죠. 저는 여러분의 몸짓이나 얼굴 표정에 대해 정확한 판단이 서지 않습니다. 저의 의도를 이해하시겠습니까? 폴!"

폴은 동의의 뜻으로 고개를 끄덕이며 "예"라고 대답하면서 자리에 앉았다.

"그럼, 마리카 양!"

위대한 네트워커는 네덜란드에서 온 여자를 향해 말했다.

"빈스 씨가 테니스를 잘 치므로 스포츠를 좋아할 것이라는 마리카 양의 생각에 대한 저의 의견을 이해하시겠습니까?"

"예."

그녀가 대답했다.

"자, 확실히 알 수 있는 방법은 질문을 하는 것입니다. 그래서 하는 말인데, 빈스 씨! 스포츠를 좋아하십니까?"

"글쎄요, 사실…."

빈스가 자리에서 일어나며 대답했다.

"저는 가끔 TV로 스포츠 중계방송을 보긴 하지만 자주 보는 것은 아닙니다. 주로 보는 경기는 플레이오프전이나 챔피언 결정전 등이죠. 저는 단지 테니스를 좋아할 뿐입니다. 테니스는 일대일 게임이죠. 최고의 기술과 강인한 정신력을 가지고 있는 남자 또는 여자 선수가 시합을 해서 승리를 가장 원하는 선수가 그 시합의 승자가 됩니다. 그래서 저는 테니스를 좋아합니다."

"마리카 양! 이해가 되셨습니까?"

그녀는 고개를 끄덕이며 "예"라고 대답했다.

"하지만 기분 나쁠 것 하나도 없습니다. 우리 모두 마찬가지입니다. 마리카 양은 폐쇄적인 청취의 예를 보여 주신 것뿐입니다. 즉, 빈스 씨의 이야기가 아닌 본인의 이야기를 들었던 것입니다. 왜 그랬는지 이유를 아시겠습니까?"

위대한 네트워커가 마리카에게 물었다.

"왜냐하면 제가 인간이기 때문이죠."

그녀가 대답했다.

"맞습니다! 우리 모두 마찬가지입니다. 인간은 다 똑같습니다. 다른 사람의 이야기에 살을 덧붙이죠. 제 생각으로는 다른 사람의 이야기는 20% 정도만 듣고 나머지 80%는 자신이 실제로 들었다고 착각하면서 이야기를 만들어 내는 겁니다. 그러면 그 이야기는 사실이 될 수 없습니다. 그 이야기는 상대방이 한 이야기가 아닙니다. 그러나 사람들은 그런 이야기를 들었다고 선서까지 합니다.

그러니 그러한 결혼이 오래 가지 못하는 것이 놀라운 일은 아니죠. 그러한 나라가 오래 버티지 못하는 것이 놀랍습니까? 수많은 네트워커의 희망이 그렇게 빨리 물거품이 되는 것이 이상한 일입니까?

사람들의 이야기를 잘 듣지 못하면 성공적인 사업을 할 수 없습니다. 명심하십시오."

그가 자리에서 일어나며 말했다.

"그리고 중요한 것은 상대방의 눈을 통해 볼 수 있어야 합니다. 그리고 그렇게 하기 위해서는 상대방의 이야기를 경청해야 합니다. 그것이 유일한 길입니다! 마-리-카 양!"

위대한 네트워커는 기쁜 목소리로 그녀의 이름을 불렀다.

"빈스 씨와 제가 이야기를 나눈 것 중에서 또 발견한 점이 있습니까?"

"예."

그녀가 솔직하게 말했다.

"빈스 씨는 음악을 좋아하고 사람 만나는 것을 즐깁니다."

"훌륭합니다!"

위대한 네트워커가 탄성을 질렀다.

"맞습니다. 물론 음악과 테니스 자체가 가치있는 것은 아닙니다. 가치는 바로 음악과 테니스를 통해 빈스 씨가 얻는 것입니다. 그것은 바로 빈스 씨가 테니스나 음악, 사람들과 만남을 경험하면서 표현되는 것이며 이것이 바로 빈스 씨의 가치관이 되는 것이죠. 빈스 씨는 음악에서 무언가를 얻습니다. 테니스에서도 얻을 수 있고 사람들과의 만남에서도 얻을 수 있습니다. 이렇게 해서 가치관이 형성됩니다. 흥미롭지요?"

그는 잠시 말을 멈추었다.

"방금 생각한 것인데 여러분은 네트워크 마케팅의 사업자입니다. 이것이 여러분의 직업입니다. 네트워크 마케팅의 사업자는 제품을 판매하기 위한 판매조직을 구축합니다. 그리고 전문적인 사업자가 되려면 특징과 혜택을 구별할 수 있어야 합니다.

훌륭한 사업자는 '특징은 선전하는 부분이고 혜택은 판매하는 것'이라는 점을 알고 있습니다. 특징은 예상고객에게 혜택이 사실이라는 점을 인식시키기 위해 선전하는 부분이지만 예상고객이 실제로 원하는 것은 혜택입니다.

결국 특징이란 제품, 회사 또는 본인에 대한 것입니다. 그러나 혜택은 이 세 가지를 모두 합친 것입니다. 혜택은 바로 보상이며 예상고객이 실제로 원하는 것입니다.

과거 마케팅의 천재 랜디 게이지는 혜택과 특징을 구별하는 방법으로 문장 뒤에 '받을 수 있다'라는 말을 붙여서 문맥이 맞으면 혜택이라고 가르쳤습니다.

예를 들어 문장을 하나 만들어 봅시다. '우리 회사는 15년 되었다.' 특징일까요? 혜택일까요?"

대답이 엇갈려서 나왔다.

"좋습니다. 문장 뒤에 '받을 수 있다'라는 말을 넣어 보기로 하죠. '15년 된 회사를 받을 수 있다.' 무슨 혜택이 있습니까?"

일부 사람들이 소리쳐 대답했다.

"월급을 꼬박 꼬박 받을 수 있습니다!"

"예, 잘 하셨습니다! 항상 월급을 제 때에 받을 수 있다. 그런데 이 월급은 누가 받는 것입니까?"

"저요…, 예상고객, …사람들…" 여기 저기서 대답이 나왔다.

"한 마디로 받을 수 있는 혜택은 무엇입니까?"

"안정성이죠"

많은 사람들이 대답했다.

"맞습니다. 이제는 경쟁력 있는 프리젠테이션을 하기 위해 특징들을 나열해 혜택을 만들 수 있습니다. '우리 회사는 안정성을 제공한다' 이것은 15년의 역사가 입증하는 혜택입니다.

그리고 여기에는 이러한 혜택을 가능하게 해주는 특징이 있습니다. 그러면 이것은 어떨까요? '우리 회사는 이런저런 일을 함으로써 창립이래 매달 매출을 신장시켜 왔다' 즉, '회사가 이런저런 일을 했다' 는 것은 특징일까요? 혜택일까요?"

"특징입니다."

청중이 합창이라도 하듯이 한 목소리로 대답했다.

"좋습니다. 왜죠? 그것은 회사에 관한 것이기 때문이죠."

내 옆에 앉아 있던 남자가 대답했다.

"맞습니다. 받을 수 있는 것이 없기 때문입니다. 만약 회사가 사업자에게 한번도 거르지 않고 수당을 지급하여 향후 20년 동안 회사를 믿고 나의 사업을 성장시킬 수 있다고 한다면 혜택은 무엇일까요?"

"신뢰감이요. 그런 회사는 신뢰할 수 있습니다."

누군가 대답했다.

"아, 매우 좋습니다. 다른 의견 있습니까?"

"회사를 믿을 수 있습니다. 믿을 수 있는 회사죠."

강의실 뒤편에서 누군가 대답했다.

"잘 하셨습니다!"

그가 탄성을 질렀다.

"성실성요."

또 다른 사람이 말했다.

"어째서죠?"

"매달 수당을 지급했습니다."

"그래서요?"

"약속을 지키는 회사입니다. 따라서 저는 회사를 믿을 수 있습니다."

"매우 좋습니다!"

위대한 네트워커는 매우 기뻐하며 대답했다.

"또 다른 의견이 있습니까?"

내 자리에서 두 줄 앞에 앉아 있던 여자가 일어나 말했다.

"회사를 운영하는 경영자는 사업을 잘 알고 있습니다. 이들은 훌륭한 사업가입니다. 따라서 매달 매출을 증대시켜 왔습니다. 그것은 제가 훌륭한 사업 파트너를 가지고 있다는 증거이며 저의 성공을 도와 줄 수 있는 그 분들에 대해 자긍심을 느낍니다!"

"훌륭합니다!"

그는 무대 앞으로 나가 방금 이야기를 마친 여자 청중을 지목하며 말했다.

"이 사업의 특징과 혜택을 빨리 이해하셨군요. 제품과 사업기회에 대한 혜택은 예상고객에게 매우 중요한 것입니다.

여러분은 고객과의 대화를 통해 이들의 가치관을 파악하고 언제, 어디서 그리고 어떻게 제품과 사업기회가 예상고객의

욕구에 부합되는지를 파악할 수 있어야 합니다.

혜택은 가치와 유사합니다. 빈스 씨의 경우를 보면 테니스와 음악은 혜택 또는 가치를 제공하는 특징이라고 말할 수 있습니다. 테니스가 빈스 씨에게 주는 가치 즉, 테니스를 통해 빈스 씨가 경험하거나 표현할 수 있는 것은 무엇일까요?"

내가 손을 들자 그는 즉시 나를 지목했다.

"글쎄요. 빈스 씨는 경쟁을 좋아합니다. 그래서 이것이 빈스 씨의 가치라고 생각합니다."

"잘 하셨습니다. 계속하십시오."

"그리고 빈스 씨는 승리하고 싶어합니다."

"예, 맞습니다."

위대한 네트워커가 전적으로 동의했다.

"마리카 양이 말하신 것처럼, 빈스 씨는 사람 만나는 것을 좋아합니다. 그래서 빈스 씨는 항상 함께 놀고 함께 이야기할 상대를 찾을 수 있다고 말했었습니다. 따라서, 관계 형성이 빈스 씨에게 무엇보다 중요합니다. 그러나 이러한 관계에서 빈스 씨가 얻는 것이 무엇인지 확실하지 않아 빈스 씨에게 질문을 해야 할 것 같습니다.

그러나 제가 확신하는 것은 네트워크 마케팅은 빈스 씨에게 매우 적합한 일이라는 것입니다. 빈스 씨는 경쟁을 할 수 있고 승리할 수 있으며 아마도 다른 사람이 승리할 수 있도록 도와줄 수 있을 것입니다."

"훌륭합니다. 정말 훌륭합니다. 지금의 말씀에 대해 빈스 씨에게 묻고 싶은 질문이 있습니까?"

"예. 빈스 씨를 포함하여 빈스 씨와 함께 경기를 하는 다른 사람들에게 제가 성공할 수 있는 방법을 소개해도 좋을 지 묻고 싶습니다. 또한 저와 함께 그 가능성에 대해 대화를 나눌 수 있는지도 묻고 싶습니다."

위대한 네트워커는 머리를 끄덕이며 내게 미소를 보냈다.

"자, 빈스 씨! 제가 초대한 손님의 질문에 대해 답변해 주시겠습니까?"

"좋습니다!"

빈스가 대답했다.

"감사합니다."

그리고 그는 자리에 앉는 내게 말했다.

"훌륭했습니다!"

"다른 의견이 있습니까?"

위대한 네트워커가 물었다.

그러자 뒷줄에 앉아 있던 남자가 일어났다.

"야외를 좋아합니다."

"어째서죠?"

"빈스 씨는 성격적으로 야외 활동을 좋아합니다. 직장까지 걸어가거나 테니스를 치는 것으로 보아 야외를 좋아합니다."

"아하!"

위대한 네트워커가 대답했다.

"그러면 빈스 씨!" 그는 빈스 씨를 불렀다.

"당신은 야외를 좋아하십니까?"

빈스가 일어나서 대답했다.

"아니오. 그렇지는 않습니다. 자연을 싫어하는 것은 아니지만 하이킹 같은 것을 하러 다니지는 않습니다."

"그러나 직장까지 걸어서 다니거나 테니스치는 것을 좋아하지 않습니까? 그것은 모두 야외 활동인데요."

위대한 네트워커가 지적했다.

"제가 직장까지 걸어가는 것은 운동을 위한 것이고 또한 혼잡한 교통 속에서 운전하느라 씨름하지 않아도 되고 주차장을 찾아야 할 필요도 없기 때문입니다."

"그러면 체력 단련이 당신에게 가치있는 일인가요?"

"그렇습니다!"

"그렇다고 힘든 운동을 해야 하는 것은 아니고요."

"물론 아닙니다."

"그러면 일주일 전에 코트를 예약해 놓고 15분 정도의 거리를 차로 드라이브해서 실내에서 테니스를 치는 것은 어떤가요?"

"그것은 바로 야외 활동이 아닌 체력 단련의 가치이지요!"

빈스가 말했다.

위대한 네트워커는 방금 야외 이야기를 했던 남자를 향해 말했다.

"성함이 무엇입니까?"

"패트입니다."

"패트 씨! 제가 질문을 하겠습니다. 당신은 야외 활동을 좋아하십니까?"

"예."

"그렇군요."

그리고 그는 청중을 향해 말했다.

"패트 씨의 경우는 우리 모두의 경우이기도 합니다. 우리는 우선적으로 자신의 가치를 기본으로 합니다. 패트 씨는 야외 활동을 좋아하기 때문에 순수하게 심지어 열정적으로 다른 사람도 야외 활동을 좋아하기를 바라고 있습니다. 패트 씨는 야외활동을 좋아하는 사람을 좋아합니다. 왜냐하면 서로의 가치관을 공유할 수 있기 때문입니다. 맞습니까? 패트 씨!"

"맞습니다."

그러자 위대한 네트워커는 청중들을 둘러보며 이렇게 말했다.

"혹시 상대방보다 자기 자신이 더 상대방이 이 사업기회에 참여하기를 원했던 적은 없습니까?"

많은 사람들이 이와 유사한 경험을 했다는 것을 인정했다.

"우리는 항상 그렇습니다. 우리는 다른 사람들의 가치에 귀 기울이지 않습니다. 대신 우리의 가치를 상대방에게 전달하기에 여념이 없습니다.

만약 상대방이 같은 가치관을 공유하고 같은 가치관을 갖고 있다고 생각하면 기분이 좋습니다. 하지만 이제는 그러지 마십시오! 그것이 바로 무의식적 청취 습관입니다.

대신 이야기를 들으십시오. 계획적인 청취를 하십시오. 상대방이 사업에서 원하는 것이 무엇인지 알아보십시오. 네트워크 마케팅 사업과 본인과의 관계를 통해 상대방에게 제공할 수 있는 가치가 무엇인지 알아야 합니다. 이것이 바로 창의적인 청취입니다.

패트 씨! 감사합니다. 많은 도움이 되었습니까?"

위대한 네트워커는 감사의 표시를 했다.

"네트워크 마케팅에서 청취가 중요하다는 것을 깨달으셨습니까?" 그가 사람들을 보고 물었다.

내 느낌으로 강연장 안의 모든 참석자들이 이해하고 있음이 분명했다.

위대한 네트워커는 이야기를 계속했다.

"여러분은 빈스 씨의 여러 가지 가치관을 발견했습니다. 그 외에도 빈스 씨는 새로운 것을 좋아합니다. 또한 경쟁심이 있고 승부욕도 있습니다. 사람 만나는 것을 좋아한다는 것은 매우 중요한 가치입니다. 그렇기 때문에 빈스 씨는 바쁘고 또한 골치 아프게 씨름하는 것을 좋아하지 않습니다.

그러면 이러한 가치관은 여러분이 자신의 네트워크 마케팅 사업기회가 빈스 씨에게 적합한지 알아보기 위해 필요한 요소일까요?"

청중들은 그렇다고 대답했다.

"좋습니다. 이제 옆자리에 앉아 있는 분, 오른 쪽, 왼쪽, 앞·뒤, 어느 방향이든 한 분에게 '어디에 사십니까?' 라고 질문을 시작하십시오. 제가 빈스 씨에게 했던 것처럼 말입니다. 5분이면 충분하겠지요? 각자 5분씩 질문하고 답을 하면 총 10분이 되겠군요?"

사람들은 동의를 했다.

"좋습니다. 5분이 되면 여러분께 말씀드릴 테니 질문자와 답변자의 역할을 바꿔 주십시오. 명심할 것은 제가 빈스 씨께 했던 질문을 해야 한다는 것입니다. 아참! 대화에 도움이 될 몇 가지 좋은 질문의 예를 알려 드리죠. 먼저 '무엇을 가장 좋아하십니까?' 라고 물으면 대화를 긍정적인 방향으로 유도할 수 있습니다.

싫어하는 것에 대해 이야기를 하면 상대방이 가장 좋아하는 것을 이끌어낼 수 없습니다. 예상고객과의 대화에서는 상대방이 가장 좋아하는 것을 파악해야 합니다.

물론 일부 사람들은 상대방의 고통을 이끌어내려고 노력합니다. 즉, 상대방의 문제점을 들춰내어 상황이 심각하다는 것을 지적해주고 그 해결책을 제시하고자 하는 것이죠. 이것은 바람직한 방법이 아닙니다. 달콤한 꿀에 더 많은 나비가 날아드는 법이죠.

여러분은 상대방이 가장 좋아하는 것에 대해 이야기를 해야 합니다. 상대방의 가치, 꿈, 열망, 상대방이 가장 소중하게 여기는 것을 알아야 하는 것입니다.

항상 부정보다는 긍정이 이기기 마련입니다. 베스트셀러가 된 책은 희망을 주는 책입니다. 그러한 책 중에는 수년간 베스트셀러 자리를 지키는 책도 있습니다. 경쟁에서 부정적인 요소는 모두 버리십시오. 그러면 항상 승리할 것입니다.

또 한 가지 중요한 것은 상대방에게 좀더 자세히 이야기해 줄 것을 요청하십시오. '좀더 자세히 말씀해 주시겠습니까?' 이렇게 말하면 대화가 계속 진행될 수 있습니다. 이렇게 질문을 함으로써 자기 자신의 관심을 전달하게 되고 상대방은 편안한 느낌과 함께 존중받고 있다는 생각을 하게 됩니다.

특히 상대방이 좋아하는 것에 대해 질문하거나 더 자세한 이야기를 부탁하면 편안하고 흥미로우면서도 생산적인 대화를 이끌어갈 수 있습니다.

그러므로 질문, 질문을 하십시오! 명확한 대답을 얻을 수 있는 질문을 하십시오. 상대방의 이야기를 정확하게 이해하도록 하십시오. 더 많은 것을 질문하십시오. 상대방의 가치를 이해하십시오. 메르세데스 자동차는 그 자체가 중요한 것이 아닙니다. 그 차가 주는 안전감, 품격, 아름다움, 지위, 부, 안락함, 우수한 성능이 중요한 것입니다. 가치를 뽑아 내십시오. 특징 뒤에 숨어 있는 혜택을 찾아내십시오. 자, 이제 시작하겠습니다."

그는 시계를 점검하며 말했다. 강연장은 이내 "어디에 사십니까?"라는 똑같은 질문으로 웅성거리기 시작했다.

story ❻
가치와 전념 그리고 시너지 효과

10분이 지나자 위대한 네트워커는 대화를 중단하라고 말했지만, 사람들은 그가 손뼉을 몇 번이나 세게 치면서 "이제 그만하세요!"라고 소리친 다음에야 조용해졌다.

"잘 하셨습니다. 이제 연습해야 할 것이 또 있습니다. 이번에는 파트너와 대화를 나누는 과정에서 발견한 상대방이 중요하게 생각하는 것에 대해 이야기를 나누는 것입니다.

이 연습을 하기 위한 최상의 방법은 무조건 질문하는 것입니다. 파트너가 중요하게 생각하고 있는 것을 발견했다고 생각하면 파트너에게 '이런 것이 당신에게 중요한 것입니까?' 라고 물어보십시오.

하지만 상대방이 중요하게 생각하고 있는 것을 단정적으로 이야기해서는 안 됩니다. 대부분의 성인들은 명령받는 것을 싫어합니다. 그러므로 누군가가 자신의 생각이나 감정에 대해 단정적으로 이야기하면 우선 거부감이 일어나게 됩니다.

일단 파트너에게 자신의 생각이 맞는지 물어보십시오. 이것을 적어 놓아도 좋습니다. 다음에 사용할 기회가 있을 테니까요. 자, 시작할 준비가 되었습니까?"

청중들이 "예!"라고 대답하자, 위대한 네트워커가 말했다.

"그럼 시작하십시오. 시간이 되면 말씀드리겠습니다."

우리가 서로의 중요한 것에 대해 의견교환을 마치자 위대한 네트워커는 몇 명에게 각자 발견한 가치있는 것들에 대해 발표하도록 부탁했다. 그리고 결과적으로 보았을 때, 사람들에게 가치있는 것들은 주로 자유, 안전, 친분관계, 성실성, 모험, 즐거움, 유머, 소속감, 성공, 인정, 우수성, 창의력, 관계, 동반자관계, 커뮤니케이션, 공헌, 지혜, 사랑 등이었다.

그리고 몇 몇 사람들은 자신이 발견한 가치있는 것들에 대해 매우 놀라워하는 모습이었으며 그 자리에 있던 모든 사람들은 이 훈련을 통해 분명히 많은 감명을 받은 것 같았다. 그것은 나 역시 마찬가지였다.

강연장에 있는 수백 명의 남녀가 자신의 인생에서 가장 중요한 것에 대해 서로 이야기를 듣고 공유한다는 것은 그야말로 멋진 일이었다. 그로 인해 강연장 안은 흥분과 열정이 가득했던 것이다.

그리고 위대한 네트워커는 각자 자신에게 가치있는 것들을 점검해보고 그것을 적으면서 자신의 직업, 가정, 가족, 여가활동, 건강, 믿음, 꿈 등과 같이 인생의 여러 분야에서 정말로 중요한 것이 무엇인지 생각해 보도록 했다.

그렇게 약 2분 정도가 흐르자, 그는 가치란 실체이지 사물이나 행위가 아니라고 말했다. 왜냐하면 우리는 모두 인간이라는 실체이지 사물이나 행위가 아니기 때문이라는 것이다. 그리고 그는 인간이 가치를 경험하거나 표현할 때, 또는 다른 사람의 가치를 존중할 때, 비로소 성숙한 인간이 된다고 말했다.

"갖는다 – 갖지 않는다, 한다 – 하지 않는다. 이것은 무엇이 문제일까요?"

그는 사람들에게 이렇게 물어보면서 셰익스피어가 햄릿에서 '사느냐 죽느냐 그것이 문제로다' 라고 한 말이 옳다고 덧붙였다. 그리고 "이것이야말로 가장 중요하고 유일한 문제입니다." 라고 강조했다.

그 말을 듣고 나는 지난 번 그를 만났을 때, 나눴던 대화가 생각났다. 특히, 그 전날 저녁 그의 이야기를 들으며 무대에서 있었던 일이 생각났다. 그는 그 때 존재에 대해 강조했던 것이다. 즉, 성공하기 위해서는 먼저 성공적인 존재가 되어야 한다고 말했었다.

그 일이 겨우 일 주일 전이란 말인가? 와! 정말 놀라운 일이다.

어쨌든 나는 그 자리에서 '인간들은 뭔가 도구를 가지고 실행을 하는데 대부분의 시간을 사용한다' 고 생각했었다.

책이나 교육 테이프도 마찬가지이다. 보통 '이것(저것)을 가지기(하기) 위해 이렇게(저렇게) 해야 한다' 라고 가르치는 것이다. 그러나 위대한 네트워커는 우리에게 그러한 것에 대해 주의를 기울일 필요가 없다고 가르치고 있다.

그는 우리가 평생동안 성취하고 싶은 것들은 모두 인간 존재에서 비롯된다고 강조하는 것이다.

'존재'란 원천과 같다.

우리가 행하고 소유하는 모든 것들 그리고 좋고 나쁜 것들 모두 존재에서 비롯되는 것이다. 또한 '좋다', '나쁘다'는 앞으로의 인생에서 우리가 가지거나 행할 것들이다. 하지만 자기 자신이 어떤 존재인지 알고 싶다면 지금 자신이 갖고 있고 또한 행하고 있는 것들을 점검해 보라고 위대한 네트워커는 말했다.

그의 말을 들으면서 나는 '존재'라는 것이 매우 흥미롭다는 사실을 발견했다.

"나는 지금 어떠한 존재인가?"

이 질문이야말로 질문하고 답변할 가치가 있는 질문인 것이다.

특히 나의 관심을 끈 것은 위대한 네트워커가 전념하는 것에 대해 이야기할 때였다. 그 때 그는 청중들에게 '나는 어떤 일에 전념하고 있는가?'라는 문제를 고민해 보라고 말했다.

"사람들은 항상 뭔가에 전념하며 살아가죠. 여러분은 모두 스스로가 전념할 대상입니다. 여러분은 이 일을 멈춰서는 안 됩니다.

문제해결을 위해 주력하고 있든, 꿈을 이루기 위해 노력하고 있든, 아니면 책임을 회피하기 위해 애쓰고 있든, 성공을 이루려고 노력하고 있든, 인생을 편안하게 만들기 위해 노력하든, 차별화를 만들기 위해 전력을 기울이든 목적을 달성하기 위해서는 전념해야 합니다.

에베레스트 산을 등정한 바 있는 W. H. 머레이가 전념에 대해 했던 말을 알고 계십니까? 그가 두 번째로 에베레스트 산을 등정했을 때 한 말인데 아시는 분 계십니까?"

그는 청중들의 얼굴을 살피며 물어 보았다.

"아는 분이 없는 것 같군요. 그러면 제가 여러분을 위해 읽어 드리지요.

'사람이 전념하기까지는 항상 주저하고 후퇴할 가능성이 있으며 또한 비효율적이기 쉽다. 왜냐하면 모든 일의 초기에는 한 가지 진리가 수만 가지 아이디어와 번쩍이는 계획들을 사장시킬 수도 있기 때문이다. 하지만 사람이 전념을 하는 순간, 하늘도 감명을 받게 된다. 또한 전념하지 않았으면 일어나지 않았을 일들이 발생하여 인간을 돕는다.

모든 일련의 사건들은 보이지 않는 형태의 사건, 만남, 물질적인 도움을 주며 인간에게 이로운 방향으로 일어나 아무도 꿈꾸지 못했던 것이 현실로 다가오는 것이다.'

또한 저는 괴테의 시 한 구절을 존경하고 있습니다. 그는 이렇게 썼습니다.

'당신이 할 수 있거나 또는 할 수 있다고 꿈꾸는 것은 무엇이든 시작하라. 대담성은 그 속에 천재성과 힘, 마법을 가지고 있다.'"

그는 잠시동안 그가 읽었던 구절의 의미와 메시지를 마음에

새기며 말없이 서 있었다.

"전념이 여러분의 성공에 필요하다고 생각합니까?"

사람들은 모두 동의했다.

"그렇다면 전념은 또한 실패에도 필요하다는 것을 아세요?"

사람들의 표정으로 보아 모두들 그 말에 놀라는 것 같았다. 나도 전에는 그렇게 생각해 본 적이 없었다.

"혹시 리차드 벅민스터 훌러(Richard Buckminster Fuller) 라는 사람을 아는 분이 계십니까?"

그다지 많지 않은 사람들이 손을 들었다.

"그래요. 그렇다면 제가 소개해 드리지요. 벅민스터 훌러는 천재로 알려진 인물이지만 하버드에서 쫓겨났습니다. 그것도 두 번씩이나요. 그는 결국 정식교육을 마치지도 못하고 아나폴리스에 있는 해군사관학교에 입교했습니다. 그렇게 성장한 그는 세계적으로 유명한 건축가이자 엔지니어, 발명가, 철학가, 시인이 되었습니다.

그는 지오데식 돔(Geodesic dome:다각형 격자를 짜맞춘 건축양식), 상승 작용결합구조(Synergistic Geonety) 등을 만들어 냈으며 '우주선 지구호(Spaceship earth:지구를 자원이 한정되어 있는 우주선으로 비유한 말)' 라는 신조어를 만든 사람이기도 합니다.

그의 말 중에서 한 가지를 인용하여 읽어드리겠습니다.

'역사상 처음으로 모든 사람들이 지금까지 누려왔던 것보다 더 고급스런 생활수준을 누릴 수 있게 되었다. 10년 전만 해도 이런 일이 이루어지리라는 것은 예측에 머물고 있었다. 이제는 모든 인류가 성공할 수 있는 선택권을 갖게 되었다.'

정말 대단하죠?

또한 벅키(Bucky)는 세상에 살고 있는 여러 종류의 사람들에 대해 말했습니다. 그리고 이것은 저의 친구이자 스승인 캐롤 맥콜(Carol Mc Call)이 이야기한 것이기도 합니다.

세상에는 잠들어 있는 사람과 잠들지도 못하고 깨어 있지도 못한 사람. 그리고 방금 잠을 깬 사람. 활짝 깨어 있는 사람이 있습니다. 이러한 분류를 참고로 하여 여러분의 예비 사업자 중에서 여기에 해당하는 사람이 있는지 생각해 보십시오.

깊은 잠에 빠져 있는 사람을 만나 본 적이 있습니까? 이런 사람들에게 이야기를 하면 무슨 일이 일어날까요? 아무 일도 일어나지 않습니다. 그 사람들은 잠들어 있기 때문입니다! 여러분이 아무리 그 사람들을 깨워서 심오한 진리를 전달하려 해도 그 사람들은 곧 바로 다시 잠에 빠져듭니다. 왜 그럴까요? 왜냐하면 그들은 잠자는데 전념하고 있기 때문입니다!

그러면 걸어서 돌아다니기는 하는데 의식은 깊은 잠에 빠져 있는 사람을 만나본 적이 있습니까? 이러한 예비 사업자에게 이야기를 해본 적이 있습니까?"

그러자 많은 청중들이 웃었다.

"우습죠? 이렇게 잠들어 있는 사람들에게 역사상 가장 위대한 기회에 대해 이야기를 하면서 왜 이 사람들이 이해하지 못하는지 의아하게 생각한 적이 있습니까?

왜냐하면 그 사람들은 잠들어 있기 때문입니다! 바로 그것이 이유입니다. 하지만 우리는 계속해서 그들에게 이야기하고 또 이야기합니다.

그러면 잠을 자는 것도 아니고 그렇다고 깨어 있는 것도 아닌 사람들은 어떨까요? 그들은 어떻게 반응할까요?

이러한 사람들 역시 반응이 없습니다. 아니, 반응할 수가 없습니다. 왜냐하면 깨어있지 않기 때문입니다. 그들은 잠에서 깨어나고 싶어하지 않습니다. 대부분은 깨어나려고 애쓰지도 않죠. 그들은 알람시계를 꺼버리고 5분이라도 더 눈을 붙이고 싶어하는 사람들입니다."

위대한 네트워커는 이 이야기를 즐기고 있는 것 같았다. 그리고 나는 청중들 대부분이 그 유머 이면에 숨어 있는 메시지를 이해하고 있다고 생각했다.

"방금 잠이 깬 사람들은 여러분의 질문에 대답할 준비가 되어 있을까요? 방금 깊은 잠에서 깨어나 눈비비고 앉아 있는 사람에게 당신이 다가가 '안녕하세요? 어디 사세요?' 라고 말했을 때 무슨 일이 일어날 것이라고 생각합니까?"

그는 웃으며 말했다.

"여러분이 함께 이야기하고 싶어하는 사람은 잠이 활짝 깬 사람입니다. 이 사람들은 '들을 수 있는 귀'를 가지고 있습니다. 이들은 보고 듣고 여러분의 이야기에 주의를 기울일 준비가 되어 있습니다. 그 이외의 사람들에게는 자기 자신과 그 사람들의 시간을 허비할 따름입니다.

무익한 싸움은 하지 마십시오. 잠들어 있는 사람은 잠들어 있게 내버려두십시오. 방금 잠에서 깨어난 사람은 혼자 잠에서 깨어나도록 그냥 두십시오. 왜냐하면 그들은 아직 잠에서 깨어난 사람들이 아니기 때문입니다. 여러분은 깨어 있습니까?"

그가 소리쳐 물었다.

"예!" 우리가 큰 소리로 대답했다.

"좋습니다. 저는 이미 알고 있었습니다. 그렇지 않았다면 여러분이 귀중한 시간을 저와 함께 보내시지는 않겠지요. 여러분 모두는 배우고 성장하고 개발해서 어제보다 더 많은 성공을 거두기 위해 전념하는 분들입니다.

여러분의 조직에는 오늘 이 자리에 참석하지 않은 분들이 계실 것입니다. 그렇죠?"

많은 사람들이 고개를 끄덕이거나 '예' 라고 대답했다.

"다시 말해 그 분들은 오늘 다른 일에 전념하고 있는 것이죠? 만화를 보고 있을 수도 있고 잔디를 깎거나 쇼핑을 가신 분들도 계실 겁니다. 어쨌든 좋습니다. 잔디는 깎아야 하고 만화도 봐야죠. 하지만 상황이 어려워지면 쇼핑 가는 것은 어려워지는 법입니다."

그가 웃으며 말을 덧붙였다.

"이것은 전념하는 것에 관한 얘기입니다. 그리고 '여러분이 전념하는 것은 무엇인가?' 하는 문제가 중요한 이유이기도 합니다. 어떤 경우에도 여러분은 멈춰 서서 돌아보고 이야기를 들을 수 있습니다. 멈춰 서서 '내가 전념하고 있는 일이 무엇인가' 라고 자문해 보십시오. 돌아보고 이야기를 들으십시오. 답변에 귀기울이십시오. 여러분에게 도움이 되지 않는 일에 전념하고 있다면 마음을 바꾸어 도움이 될 수 있는 일에 전념하십시오.

여러분은 언제든지 마음을 바꿀 수 있습니다. 우리는 항상 마음을 바꿉니다. 지금 당장 생각해 보십시오. 어떤 생각이라도 좋습니다. 단지 생각을 하십시오.”

그러더니 갑자기 손가락을 큰소리로 퉁기며 이렇게 말했다.

“이제 마음을 바꾸고 다른 생각을 해 보십시오!”

그리고는 다시 손가락을 퉁기면서 “또 다른 생각!” 하고 소리쳤습니다.

“이제는 약간 연습이 되었을 것입니다. 여러분 중 대다수는 마음을 바꾸는데 익숙해졌을 것입니다. 맞습니까?”

청중 모두가 손을 들어 재빨리 답변했다.

“좋습니다. 벅키 풀러의 글 중에서 제가 좋아하는 또 다른 구절을 소개하죠.

'때로 나는 우리가 혼자라고 생각하기도 하고 또 때로는 우리가 혼자가 아니라고 생각하기도 한다. 어쨌든 양쪽의 생각은 모두 갈피를 잡을 수 없다.'

좋지 않습니까!"

나는 전에 이런 구절을 들어본 적이 없었지만 진심으로 그의 이야기에 공감했다. 정말로 좋은 글이었다.

"혹시 '시너지' 라는 용어를 들어본 적이 있습니까?"

청중들 가운데 여기저기서 소수의 사람들이 손을 들었다. 나는 이미 MIT 대학에서 컴퓨터를 공부하던 시절부터 풀러와 지오데식 돔, 그리고 시너지에 대해 알고 있었는데 벅키의 아이디어에 대해 알고 있는 사람이 거의 없다는 사실에 늘 놀라곤 한다.

벅키는 미국이 배출해낸 최고의 창의적 사상가이다. 비록 그는 오래 전에 작고했지만 나는 그가 아직도 최고의 창의적 사상가라고 생각한다.

"시너지! 이것은 전체가 각각의 합보다 큰 것을 말합니다. 그리고 시너지가 네트워크 마케팅 사업자에게 중요한 이유는 다른 사업체가 덧셈 혹은 곱셈의 방식으로 성장해 나가는 반면, 네트워크 마케팅은 시너지 효과에 의해 기하급수적으로 팽창하기 때문입니다.

여러분들은 큰 경기에서 기량이나 경험면에서 비교적 처지는 팀이 우세한 팀을 누르고 우승한 것에 대해 듣거나 본 적이 있을 것입니다. 이런 예는 스포츠, 사업, 군대 등 인생 전반에서 찾아볼 수 있습니다. 풀러는 이러한 시너지 효과를 계산하기 위해 공식을 만들어 냈습니다.

그 공식은 매우 간단합니다. 오늘 이 자리에 모인 분들을 예

로 들어보겠습니다. 한 250명쯤 되나요? 벅키의 공식은 다음
과 같습니다. P제곱 빼기 P를 2로 나눈 것이 시너지의 양 S입
니다. 이해가 되었습니까?"

나는 공식을 노트에 적었다.

$$\frac{P2-P}{2} = S$$

"자, 그럼 계산해 봅시다. 250×250이면? 빈스 씨 얼마죠?"

"62,500입니다."

"빈스 씨! 정말 멋지군요. 세금감면이나 공제도 계산만큼 잘
하십니까?"

"더 잘합니다!"

"잘됐군요. 그러면 62,500 빼기 250은… 아, 이번에는 제가
할 수 있습니다."

그가 웃으며 말했다.

"62,250이군요. 이것을 2로 나누면…."

그는 잠시 생각에 잠겼다. 그리고 그가 막 답을 말하려고 할
때, 맨 앞줄에 앉아 있던 매력적인 여성이 대답했다.

"31,125입니다."

"감사합니다. 이태리 분이십니까?"

그녀가 환하게 웃으며 말없이 고개를 끄덕이자 위대한 네트
워커는 제안 비슷하게 말을 꺼냈다.

"빈스 씨를 만나본 적이 있습니까?"

사람들이 모두 웃었다. 내가 앉은 자리에서는 빈스 씨의 얼굴을 볼 수 없었지만, 그의 얼굴이 붉어지리라는 것은 어느 정도 상상할 수 있었다.

"소개해 드리고 싶군요. 혹시 테니스를 치십니까? … 좋습니다."

그는 손을 들어 우리의 웃음소리를 잠재우면서 다시 강연을 계속했다.

"바로 31,125라는 숫자가 시너지입니다. 그렇다면 이 숫자가 의미하는 것은 무엇일까요? 이 숫자가 여러분 각자에게 주는 중요한 혜택은 무엇입니까?"

그는 잠시 사람들을 둘러보았지만 답변을 하는 사람은 없었다. 나는 그가 아무도 답변하지 못할 것이라는 점을 예상치 못했다고 생각했다. 그가 이야기를 계속했다.

"그것은 이 강연장의 250명이 31,125개의 관계를 갖게 된다는 의미입니다! 여러분과 저, 여러분과 저, 여러분과 저…."

그는 사람들 각자를 하나하나 지적하며 이렇게 말했다.

"물론 아직까지 이해가 안 될 수도 있겠지만 걱정하지 마십시오. 곧 분명하게 이해될 것입니다. 여러분도 알다시피 여러분과 저는 하나의 관계입니다."

그리고 무대에서 내려온 그는 첫 번째 사람, 두 번째 사람……. 그렇게 사람들을 가리키며 말했다.

"우리는 모두 또 하나의 관계입니다. 그래서 우리 세 명 사이에는 세 개의 관계가 성립됩니다. 이해가 됩니까? 이제부터 재미있는 일을 시작하겠습니다."

그는 앞줄에 있는 키 큰 남자를 가리키며 말했다

"세 분은 다른 분들이 볼 수 있도록 일어나 주시겠습니까?"

세 명이 일어나자 위대한 네트워커는 무대 위로 이들을 올라오게 해서 청중이 그들의 얼굴을 볼 수 있도록 했다.

"감사합니다."

그는 세 사람에게 이렇게 말하고는 마지막에 서 있는 사람에게 말했다.

"자, 여기 세 분 사이에는 세 개의 관계가 성립됩니다. 여기까지 모두 이해가 되셨습니까? 저와 당신, 저와 당신 그리고 당신들 두 분 이렇게 세 개의 관계입니다."

그리고 그는 처음의 두 사람과 자신을 가리키며 말했다.

"그런데 당신이 제게 참여를 하셨습니다."

그는 남자의 어깨에 손을 올리며 말했다.

"그러면 여기 있는 사람들간에는 몇 개의 관계가 성립되는 것일까요? 세어 봅시다. 당신과 저, 하나의 관계가 성립하죠? 이 숙녀 분과 저, 그래서 두 개의 관계. 저와 이 신사 분, 그래서 세 개. 그리고 이 두 분, 네 개의 관계. 그 다음에 당신."

그는 키 큰 남자와 어느 여성을 가리키며 말했다.

"이 숙녀분과의 관계가 다섯 그리고 당신과 이 신사 분이…여섯!"

그는 놀랍다는 표정으로 말했다. 그리고는 무대 위의 세 사람과 조금 떨어진 위치에서 이렇게 말했다.

"재미있지 않습니까? 우리 세 사람이 있을 때는 관계도 3개였는데, 이 신사 분이 참여하자 관계는 갑자기 6개로 늘어났습니다. 여러분! 이것이 바로 시너지입니다. 이 작은 그룹 안에는 사람 수보다 더 많은 관계가 형성되는 것입니다. 그리고 한 명씩 늘어날 때마다 사람 수는 1씩 증가하지만 관계의 숫자는 기하급수적으로 늘어나게 됩니다!"

그가 힘주어 말했다.

"셈을 해 보십시오. 여기 4명의 사람이 있고 6개의 시너지 관계가 있습니다. 그러면 한 명을 더하면 사람은 5명이 되는데, 관계는 몇이 될까요?"

그가 질문을 했다. 그리고 우리가 답을 하기도 전에 웃음을 터뜨렸다.

"빈스 씨! 빈스 씨와 매력적인 이태리 여성분은 이 문제에 답하지 말아주십시오. 5명의 관계 수는…?"

그는 앞줄에 있는 사람에게 무대 위의 그룹과 함께 서 있어 달라고 부탁했다.

"시너지 관계는 몇이 될까요? 눈으로 계산해 보십시오."

그는 각 사람을 앞·뒤로 세면서 관계 숫자를 계산했다.

"정말 혼동이 되는군요. 그러면 방정식을 대신 이용해 봅시다. 벅키의 공식을 사용하십시오. 5의 제곱은 25이고 여기서 5를 빼면 20입니다. 그리고 20을 2로 나누면 10이 됩니다. 결국 10개의 관계가 형성되는 것이죠. 그렇다면 또 한 명을 더해 봅시다."

그는 또 한 명을 무대 위로 올라가게 했다.

"이제 6명입니다. 시너지는 얼마입니까?"

"15입니다."

누군가가 소리쳐 대답했다.

"맞습니다. 그러면 7명일 경우 시너지 관계는 21, 8명이면 28, 9명이면 36, 10명이면 45, 11명이면 55, 12명이면 66입니다. 이 숫자들이 늘어나는 방식을 보셨죠?"

그가 흥분된 어조로 말했다.

"숫자가 기하급수적으로 늘어납니다! 시너지는 기하급수적입니다. 그리고 네트워크 마케팅 조직도 이와 같은 방식으로 늘어납니다. 따라서 시너지 효과를 이해하면 여러분의 미래 모습과 성장 규모를 실제로 볼 수 있습니다!

여기서 멋진 부분은 여러분이 한 번에 한 사람씩 더하면 된다는 사실입니다. 한 번에 한 사람씩입니다! 이것이 바로 거대한 조직을 구축하는 방식입니다. 더불어 어마어마한 돈을 벌 수 있는 방법이기도 하죠! 또한 수천, 수백만 사람들의 인생에 변화를 가져다주는 방법이기도 합니다!

이렇게 말하고 그는 말없이 우리들을 쳐다보았다.

위대한 네트워커는 무대에 올라왔던 사람들에게 감사를 표하며 그들의 이름을 물어본 뒤, 청중에게도 감사의 표시를 하도록 했다. 우리는 우레와 같은 박수로 이들에게 감사의 표시를 했고 위대한 네트워커는 그의 자리에 앉았다.

"오늘 우리는 너무 많은 부분에 대해 다룬 것 같습니다."

그러자 여기저기서 "아닙니다. 우리는 더 많이 알고 싶습니다."라는 소리가 터져 나왔다.

"감사합니다 정말 감사드립니다."

그는 숨을 깊게 들이쉬고는 의자 옆에 있는 테이블로 가서 물병을 집어들었다. 그는 물을 한 모금 들이킨 다음에 다시 무대로 돌아왔다. 그리고 깊고 빠른 숨을 내쉬었다.

"다음 시간에는 인생의 목표를 다뤄보도록 하겠습니다. 이제는 배가 고프실 것입니다. 쉬면서 식사를 하고 싶으시죠? 좋습니다. 끝으로 이 부분을 설명하고…."

그는 말을 하려다 말고 시계를 들여다보았다.

"10분 정도면 될 것 같습니다. 그런 다음 점심식사를 하면서 여러분이 숙제를 해올 수도 있고 아니면 지금 정리하고 인생 목표 부분은 점심식사 후에 할 수도 있습니다. 어떻게 하시겠습니까?"

"어느 쪽이 좋을까요?" 누군가가 다시 되물었다.

"양쪽 모두 괜찮습니다."

위대한 네트워커가 대답했다.

"여러분은 제가 선택하기를 바라시는 겁니까?"

"네."

모두 합창을 하듯이 대답했다.

"저는 점심을 먹지 않습니다. 그러므로 여러분은 제게 잘못 물어본 것입니다. 하지만 제가 여러분 입장이라면 숙제없이 점심을 먹는 쪽을 선택하겠습니다. 그렇다고 이야기를 들을 필요가 없다는 뜻은 아닙니다. 그러나 듣는 일도 때로는 고된 일이지요. 어쨌든 점심시간 동안의 숙제는 어떤 대화를 하시든 질문하기와 듣기를 연습하는 것입니다. 제 의견에 동의하십니까?"

청중들은 만장 일치로 동의하며 "예!"라고 대답했다.

"좋습니다. 식사하러 갑시다. 편히 휴식을 취하고 새로운 분도 만나십시오. 알지 못하는 사람이거나 잠자리를 함께 하지 않는 사람 옆에 앉으십시오."

그가 웃었다.

"그들이 어디에 사는지 물어 보고 한 시간 반 뒤에 인생 목표를 찾을 준비를 하고 돌아오십시오. 감사합니다."

그는 큰 소리로 말했다.

"여러분께 감사드립니다."

그는 마이크를 빼서 무대에 올려놓고 강연장을 빠져나갔다.

story ⑦

자유로운 점심

우리는 점심이 준비되어 있는 옆방으로 무리지어 들어갔다. 그 곳에는 여러 가지 채소와 신선한 야채, 파스타 샐러드, 콩 샐러드, 샌드위치 빵, 롤 치즈 그리고 냉동요리가 준비되어 있었다.

나는 건강을 돌보라는 교육내용을 생각하며 건강에 좋은 음식 이른바 '토끼 먹이'만을 먹기로 했다. 그래서 접시 가득 샐러드를 쌓았지만 꿀을 바른 패스추리나 과자, 초콜릿 옆을 지날 때는 결심을 지키는 것이 굉장히 어렵다는 생각을 했다.

나는 잠시 멈춰 서서 어깨 너머로 그 풍성하고 달콤한 디저트를 넘겨다보았다. 그러한 내 표정이 우스꽝스러웠던지 오전 강연장에서 내 옆에 있던 여성이 내 팔을 잡고는 가까운 테이블로 안내하며 말했다.

"어서 이리 오세요. 그것은 악마의 음식입니다. 디저트 테이블을 그냥 지나치기가 어렵죠?"

"예, 굉장히 힘들군요."

내가 대답했다.

다행스럽게도 그 여성은 위대한 네트워커가 몇 몇 사람들과 이야기를 나누고 있는 테이블로 나를 안내했다. 우리가 테이블로 가까이 다가서자 그가 일어섰다. 그는 역시 신사였다.

"같이 앉아도 될까요?"

그 여자 동료가 물었다.

"물론이죠."

그리고 그는 여자 동료가 앉을 의자를 뒤로 당겨주었다.

"강사님의 부모님은 분명히 훌륭한 분 이였을 거예요."

여자 동료가 말했다.

"왜 그렇게 생각하시죠?"

"여자를 위해 앉을 자리까지 마련해 주시니까요. 요즘 세상에 보기 드문 일이지요. 부모님께서 예절바르게 자라도록 가르치신 것 같습니다."

"감사합니다. 저는 사람들의 창의적인 이야기를 듣는 것이 좋습니다. 그리고 예절은 저에게 있어서 무척 중요한 일입니다. 예절을 지키면 제가 기분이 좋습니다. 상대방이 예의를 지키면 기분이 어떻습니까?"

그가 미소를 지으며 물었다.

"물론 기분이 좋죠."

그녀는 목 아래에 손을 얹고 그를 향해 약간 고개를 숙이며 말했다.

"아, 예."

그가 미소를 지었다.

"그런데 아직 식사 준비가 안되었네요. 접시를 갖다 드릴까요?"

그녀는 위대한 네트워커 앞에 아무 것도 놓여 있지 않은 것을 보고 물었다.

"아니오. 괜찮습니다. 저는 점심이나 아침을 많이 먹지 않습니다. 건강에 그다지 좋은 습관은 아닙니다만, 낮 동안에 식사를 하면 늘어지기 마련이거든요. 어쨌든 감사합니다. 방금 아이스티를 한 잔 마셨습니다."

"질문을 하나 해도 될까요?"

초콜릿의 유혹으로부터 나를 구해준 여자 동료가 말했다.

"물론입니다. 그런데 먼저 성함을 말씀해 주시지요."

그가 말했다.

"낸시입니다."

그는 질문을 기다리며 미소를 지었다.

"이런 질문은 전에도 많이 받아 보셨으리라 생각되는데 이사업을 어떻게 시작하게 되었는지 궁금합니다."

"아, 예…. 사실 초기에 저는 이 사업에서 완전히 실패했었습니다."

이 말을 듣고 의아한 표정을 짓는 우리들을 보며 그는 한바탕 웃음을 터뜨렸다.

"자세히 말씀해 주세요."

낸시가 눈을 찡긋해 보이며 부탁했다.

"간단하게 제가 어디에 사는지 질문할 수도 있을 텐데요."

그가 장난스럽게 되받아 말했다. 그러는 사이, 몇 분이 우리의 테이블에 남아 있는 좌석을 채웠다. 그때, 그가 자리에서 일어났고 나도 일어섰다. 그러나 다른 두 남자는 배우는 속도가 분명히 느린 것 같았다. 아니면 신사가 되는 것이 그들에게 그다지 중요하지 않았던가…. 아마도 두 번째 추측이 맞을 것이다.

위대한 네트워커는 손을 내밀어 새로 온 사람들에게 자신을 소개하도록 부탁하고는 테이블에 앉아 있는 사람들의 이름을 하나씩 소개했다.

이윽고 그가 자리에 앉자 낸시가 이야기를 계속했다.

"저는 진심으로 당신이 어떻게 이 사업을 시작했는지 궁금합니다. 무슨 일이 일어났고 당신은 어떻게 했죠? 간단하게 실패로 시작했다고 하지 말고 좀더 자세하게 말씀해 주시겠습니까?"

"그러죠."

그가 말했다.

"저는 제품을 사용하는 고객으로서 시작했습니다."

그는 이야기를 하면서 우리들 각자의 얼굴을 쳐다보았다. 테이블에 앉아 있는 다른 사람과 마찬가지로 나도 그가 하는 한 마디 한 마디에 신경을 집중하고 있었다.

"아내 레이첼과 저는 뉴잉글랜드 지방의 해변가에 살았습니다. 그 전에는 오랫동안 도시에서 살았는데 늘 휴가를 즐기듯이 살고 싶다는 생각으로 해변가의 멋진 장소를 찾아낸 것이죠. 한적한 곳에 살다보니 병원이 멀어 제 딸 레베카는 집에서

낳아야 했습니다. 게다가 집이 해변가에 있어서인지 친구들이 자주 놀러왔고 겨울에는 주말마다 방문객과 친구들로 늘 북새통이었죠. 혹시 장수식품에 대해 들어본 적이 있습니까?"

그는 테이블에 앉아 있는 사람들의 얼굴을 살피며 물었다.

"예. 일종의 히피족 식사로 현미같은 것 아닙니까?"

그 중 한 남자가 대답했다.

"비슷합니다."

그리고 위대한 네트워커가 웃었다.

"그러나 단순한 현미라고 볼 수는 없습니다. 여기에는 철학적인 연구가 많이 가미되었죠. 식단은 주로 유기농 음식으로 이루어졌고 흰 설탕이나 냉동식품, 통조림, 가공된 음식, 인공조미료처럼 세정된 음식은 포함되지 않습니다. 또한 붉은 색고기는 먹지 않고 단백질 섭취를 위해 생선과 두부를 먹죠. 일본 음식의 간장이나 미소, 해초 등과 매우 유사합니다.

장수식품에 매료된 사람들은 보통 병원이나 약에 의존하는 서양의학보다는 다른 방법으로 질병을 고치고자 합니다. 이들은 식사나 생활방식에 대해 꽤나 엄격한 규율을 갖고 있죠.

우리가 도시에 살고 있을 때, 저의 두 친구가 결혼을 하여 샌디에고의 한적한 지방으로 떠났습니다. 그들은 회원증으로 집을 구했는데 창백한 얼굴에 몸은 비쩍 말라 있어서 그 퀭한 눈을 보면 아이들이나 강아지조차 겁을 집어먹을 정도였죠.

그런데 그로부터 8개월 뒤, 그 친구로부터 전화를 받았습니다. 옛 친구들을 만나기 위해 여름에 이곳 도시로 온다는 것이었습니다. 그리고 그들이 도착했을 때, 우리는 이들이 완전히 변했다는 것을 한 눈에 알 수 있었습니다. 정말 좋아 보였죠! 아내는 발그레한 뺨에 아름다워 보였고 남편은 건강하고 강인해 보였으며 항상 밝은 미소를 짓고 있었습니다.

레이첼과 제가 물었습니다.

'어떻게 된 거야? 놀랄 정도로 건강하고 행복해 보여. 무슨 일이 있었지?'

그 비밀은 바로 '원시연못녹청'에 있었습니다. 이것은 녹청말의 학명입니다. 그리고 그 친구는 마치 〈잭과 요술 콩나무〉에 나오는 것과 같은 물건을 보여주었습니다. 그래서 우리도 그것을 먹기 시작했죠. 솔직히 말해 처음에는 별다른 변화를 느끼지 못했습니다. 하지만 친구의 변화를 직접 눈으로 보았기 때문에 끈기있게 섭취를 했죠.

녹청말을 먹은 지 약 3주쯤 지난 후에는 한동안 녹청말에 대해 잊고 지냈습니다. 그러던 어느 날 오후 레이첼과 저는 동시에 낮잠을 자야겠다는 생각이 들었습니다. 전에는 한 번도 그런 일이 없었습니다.

우리는 동시에 같은 생각을 했던 것입니다!

그 원인은 바로 녹청말에 있었던 것이죠. 그 놀라운 해초가 우리에게 더 많은 에너지를 공급하면서 전과 다르다는 느낌을 갖게 된 것입니다. 정말로 우리의 몸은 확실히 달라졌습니다. 그리고 저는 10년이 넘도록 그 제품을 섭취하고 있습니다.

저희 부부는 그 제품의 효능에 확신을 갖고 있고 다른 사람들도 분명 효과를 보리라고 믿고 있습니다. 왜냐하면 저는 이미 자연식품 회사에서 마케팅 컨설턴트로 일하면서 건강식품에 대해 홍보하는 일을 하고 있었고 효능을 직접 경험하였으며 네트워크 마케팅에 대한 긍정적인 인상을 개발하고 있었던 것과 더불어 레이첼도 이 사업에 적극적인 노력을 기울여야 한다고 생각했기 때문이죠."

"죄송하지만…."

낸시가 중간에 이야기를 꺼냈다.

"네트워크 마케팅에 대한 선생님의 긍정적인 생각에 대해 자세하게 말씀해 주실 수 있나요?"

"물론이죠. 구체적으로 알고 싶은 것이 있나요?"

"아니오. 저는 단지 강사님의 생각이 궁금합니다."

"좋습니다. 제가 네트워크 마케팅을 좋아하는 이유는 여러 가지가 있습니다. 우선 저는 이 사업을 사업자의 입장에서 생각하고 있습니다. 어떠한 사업도 네트워크 마케팅만큼 제품이나 서비스를 간단한 구전의 힘으로 홍보하지는 못합니다. 이것은 정말 훌륭한 방법입니다!"

그는 경이로운 표정을 지으며 이야기했다.

"일대일 또는 관계 마케팅은 현재와 미래에 있어서 절대적으로 진행되어야 할 유일한 방법입니다. 이 방법이야말로 수많은 광고 오염과 과도한 커뮤니케이션을 줄이는 동시에 현대 사람들이 자신들의 성역을 보호하기 위해 과도한 커뮤니케이션에 대항하여 만들어놓은 난공불락의 방어벽을 넘을 수 있는 최상의 방법입니다.

보십시오. 여러분과 저는 인간이기 때문에 우리의 삶을 풍요롭게 해줄 신제품에 대해 관심이 많습니다. 결국 우리는 이 세상에서 가장 위대한 소비자인 셈이지요!

우리는 무엇이 새로운 것이고 어떻게 다르며 우리의 인생을 어떻게 향상시켜 주는 지에 대해 알고 싶어합니다. 하지만 어디에 가면 그것을 알 수 있을까요? 누구에게 물어보아야 할까요?"

"인터넷이오."

테이블 반대편에 앉아 있던 밥이라는 남자가 끼어 들었다.

"맞습니다. 밥!"

위대한 네트워커는 동의의 뜻으로 고개를 끄덕이며 말했다.

"인터넷은 네트워크 마케팅의 미래를 밝게 해주는 요인입니다. 그러나 낸시 양의 질문에는 답이 되지 못하겠군요. 하지만 멋진 이야기가 될 것 같은데 들어보시겠습니까?"

그는 낸시를 보며 물었다.

"물론이죠."

그녀가 말했다.

"좋습니다. 저는 수년 동안 철학과 비교종교학을 연구하였습니다. 여러분은 동양의 음양에 대해 알고 계십니까?"

모두 고개를 끄덕이거나 알고 있다고 대답했다.

"잘됐군요! 인생에는 두 가지 기본적인 힘이 있습니다. 이것이 바로 모든 창조물의 양극입니다. 이 두 에너지는 밤과 낮, 여자와 남자, 위와 아래, 일과 휴식, 팽창과 수축에서 비롯됩니다.

따라서 음양에 대한 이해가 인생 자체에 대한 이해이며 이것은 모든 창조물이 우주의 법칙에 따라 움직이는 것을 이해하는 것이죠. 그러므로 우주의 법칙에 따르면 조화를 이루며 살 수 있지만 우주의 법칙을 무시하고 여기에 도전한다면 끊임없이 투쟁을 벌여야 하며 결국에는 불협화음과 고통, 질병 심지어 죽음을 초래할 수도 있게 되는 것이지요.

우주의 법칙 중의 한 가지는 앞이 커지면 뒤도 커진다는 것입니다. 이것을 쉽게 설명하면 우주의 삼라만상은 서로 상대적이며 서로 관계를 맺고 존재한다는 의미입니다. 그러므로 한 쪽이 변화하면 다른 한 쪽도 변화해야 합니다. 이해가 됩니까? 점심식사 대화로는 너무 무거운 화제거리인가요?"

그가 우리에게 물었다. 나는 사람들의 얼굴 표정을 살폈지만 어느 누구도 움직이지 않았다. 그리고 사람들은 그에게 이야기를 계속해 달라고 재촉했다. 나는 속으로 사람들에 대해 감탄을 하며 자리에 앉아 이야기가 계속 이어질 것을 기대하고 있었다. 나는 이렇게 박식하고 많은 것을 알고 있는 사람을 본 적이 없었다. 나의 생각을 읽고 있는 듯 위대한 네트워커가 입을 열었다.

"혹시 작가인 우슬라 루귄을 알고 있나요?"

아무도 그 작가를 모르는 것 같았다.

"그러면 토키에니스 링즈의 군주와 호빛(The Hobbit) 혹은 C. S. 루이스 또는 윌리엄 모리스의 하이 판타지라 칭하는 문학의 장르를 아시나요?"

나는 호빛(The Hobbit)을 알고 있었다. 그리고 다른 사람들도 몇 몇 이름을 알고 있다는 표시로 고개를 끄덕였다.

"우슬라 루퀸은 〈지구바다 3부작(the Earthsea Trilogr)〉을 썼는데 그것은 클래식 판타지 소설 시리즈죠. 저는 〈최대의 해변(The farthest Shore)〉에서 멋진 구절을 발견했는데 그것은 앞 · 뒤와 같이 상대적인 세상의 개념을 잘 설명해 주고 있습니다"

그는 미소를 지으며 이렇게 덧붙였다.
"이 이야기는 밥의 지적과 연결되는 부분입니다."
그는 마사지하듯 팔꿈치 위를 손가락으로 누르면서 고개를 앞으로 숙였다. 그리고는 깊고 낭랑한 목소리로 그 책을 인용하기 시작했다.
"부드러운 음성으로 마법사가 말했다.
'아렌(Arren)아! 너는 아느냐? 행동이란 젊은이들이 생각하는 것처럼 던지고 나면 목표를 맞추든 빗나가든 관계없이 그것으로 끝나고 마는 돌덩이가 아니다.

돌덩이를 집어들면 지구는 가벼워지겠지만, 그 돌덩이를 쥐고 있는 손은 무거워지는 법이다.

돌덩이를 던지면 별의 순환이 반응을 보이고 돌덩이가 떨어지는 곳에는 변화가 생기지. 즉, 모든 행동에 따라 전체 균형이 달라지는 것이다.

바람과 바다, 물, 지구, 빛의 힘 모두 마찬가지며 동물과 식물도 이와 똑같단다. 삼라만상이 균형을 이루고 있는 것이지.

허리케인이나 거대한 고래의 소리에서부터 가을 낙엽이나 모기가 날아다니는 것에 이르기까지 이 모든 행동이 전체와 균형을 이루며 일어나는 것이란다.'"

그는 이야기를 하면서 우리들 각자의 얼굴을 쳐다보았다. 그리고는 이야기를 멈추고 미소를 지으며 이렇게 말했다.

"그 다음 부분이 아주 멋있습니다. '그러나 우리 인간은 세상의 지배자로서 낙엽과 고래, 바람이 자연의 이치대로 움직이는 것을 배워야 한단다. 즉, 조화를 이루는 법을 배워야 하는 것이지. 우리 인간은 지혜가 있으므로 무지하게 행동하지 말아야 하며 선택권을 가지고 있으므로 무책임하게 행동하지 말아야 한단다.'"

여기까지 말을 마친 그는 사람들이 조용히 앉아 나름대로 생각할 수 있는 시간을 주었다. 이윽고 그가 물었다.

"밥! 당신은 새로운 것을 배우는 하나의 방법으로 인터넷을 떠올렸는데, 저는 그 순간 '앞이 커지면 뒤도 커진다'는 말이 떠올랐습니다. 제가 말씀드리고 싶은 것은 기술이 첨단화될수록 인간적인 접촉도 그만큼 빈번해져야 한다는 것입니다.

18개월마다 마이크로칩의 용량은 배가됩니다. 하지만 우리는 우리의 미래가 5년 뒤 혹은 10년 뒤에 어떻게 변할지 알 수 없습니다."

밥은 동의의 뜻으로 고개를 끄덕였다.

"그러면 지난 10년간의 변화를 되돌아봅시다. 전세계적으로 마이크로테크놀로지의 여파는 엄청나지 않았습니까? 그러나 변하지 않은 것이 두 가지 있습니다. 그것은 바로 창의력과 인간관계입니다. 아무리 마이크로칩이 10억 분의 1초 단위로 수

십만 개의 정보를 처리할 수 있다고 해도 인간의 창의적인 지각을 따라올 수는 없으며 인간관계를 대신할 수는 없죠.

창의력과 인간관계! 당신이 생각하고 꿈꿀 수 있다면 그리고 창의적으로 이야기 듣는 법을 알고 있다면, 사랑하고 사랑받을 수 있다면…!"

그는 이야기를 덧붙이면서 웃었다.

"이것은 결국 세상은 당신의 것이며 그 안에 모든 것이 있다는 의미입니다. 그리고 더 중요한 것은 당신이 인간이라는 것이죠!"

"키플링(영국의 시인, 소설가)이 한 말인가요?'

낸시가 물었다.

"그렇습니다."

"어쨌든 우리의 기술이 우리의 삶과 일, 행동에 영향을 미치면 미칠수록 인간관계에 대한 중요성은 더욱더 커지게 됩니다. 그리고 네트워크 마케팅은 바로 인간관계 사업이므로 사업을 해야 할 당위성은 더욱더 커지는 것이죠."

그의 이야기는 그렇게 진행되고 있었다. 녹청말에서 시작하여 커뮤니케이션으로 오염된 우리 사회, 음양, 조화, 마이크로 테크놀로지 그리고 첨단기술이 네트워크 마케팅의 인간관계 사업에 대한 필요성을 창출하고 있으며 키플링의 인용구까지…휴!

그런데 점심시간은 아직 반도 넘게 남아있지 않은가!

놀라운 일이었다.

위대한 네트워커는 낸시에게 네트워크 마케팅에 대한 그의 의견을 설명했는데 그는 자신의 의견을 '고견'이라 부르면서 웃었다. 그리고 그는 자신이 보아온 사업 중에서 네트워크 마케팅이 책임과 보상측면에서 가장 공정한 사업방식이라고 설명했다. 즉, 네트워크 마케팅에서는 자신의 생산성과 리더십에 따라 더도 덜도 아닌 그만큼의 보상을 받게 된다고 지적했던 것이다.

또한 시간과 돈을 이용하여 잉여수입을 얻을 수 있으며 네트워크 마케팅이 한때는 재능있는 예술가나 발명가, 부자들의 전유물로 여겨졌던 잉여수입을 어떻게 일반인도 얻을 수 있도록 만들었는지에 대해 설명했다.

이외에도 네트워크 마케팅이 주는 자유에 대해 이야기하면서 이 사업을 시작하기 전까지 자영사업을 할 수 있는 사람들을 행운아로 여겼었다고 말했다. 하지만 이제는 네트워크 마케팅이 사람들에게 자영업의 기회를 충분히 안겨주고 있다고 했다.

"회사 사장이나 정책에 따라 할 일을 명령받는 것보다는 원하는 곳에서 원하는 때에 원하는 만큼 일하는 것이 진정으로 자유로운 방식이죠. 사실, 네트워크 마케팅 사업자는 생명, 자유 그리고 행복 추구처럼 누구에게도 양도할 수 없는 권리를 창조주로부터 부여받지 않았나요?"

우리는 재미있어 하며 그 의견에 동의했다.

"초기에 실패를 했다고 말씀하셨는데, 그것에 대한 이야기를 해주시겠습니까?"

낸시가 물었다.

"물론입니다. 저는 건강식품 비즈니스 사업자였습니다. 물론 처음에는 잘 했었지요. 유명했고 또한 존경도 받았습니다. 그리고 가장 평판이 좋고 최고의 제품을 생산하는 일류회사에서만 일하는 사람으로 소문이 났었습니다. 저는 최고만을 추구했거든요."

그가 웃으며 말을 이었다.

"저는 영향력 있는 사람이었습니다. 그것은 좋은 일이었지요. 그러나 나빴던 일은 제가 광고카피의 전문가였고 그 일을 아주 잘했다는 것이었습니다."

"그것이 왜 나쁜 일이죠?"

식탁에 앉아 있던 롭(Rob)이라는 사람이 물었다.

"왜냐하면 그것은 다른 사람이 따라할 수 없는 일이었기 때문이죠. 저는 제품을 팔기 위해 판촉 편지를 쓰기로 결심했습니다. 판촉 편지는 제가 가장 자신있는 일이었으니까요.

저는 어려운 시절, 소형 출판사에서 사용하던 장비들을 갖추었습니다. 19인치 대형화면 플로피 디스크가 장착된 제록스(Xerox)컴퓨터! 기억나세요? 레이저 프린터 등…. 이미 말씀 드렸듯이 저는 수년 동안 광고카피 쓰는 일을 생업으로 하고 있었습니다. 그래서 저는 끝내주는 6페이지 짜리 판촉 편지를 작성해서 165명에게 발송을 했습니다.

그 중에서 132명이 답장을 해왔고 저에게 소매로 제품을 구매했죠. 처음 두 달 동안 30명이 넘는 사람이 사업자로 등록했습니다. 하지만 그 당시에는 등록 수당같은 것은 없었습니다. 그래도 제품을 구매한 많은 사람들이 사업기회에 대한 설명을 듣고 신청서를 작성하여 부자가 될 준비를 했었죠."

"성공이 빨랐군요."

한 여자가 말했다.

"그랬죠."

그가 인정했다.

"그런데 왜 실패하셨죠?"

낸시는 여전히 그 이유를 알고 싶어했다.

"3개월이 지나자 저의 사업체에서는 꽤 많은 소비자를 확보할 수 있었습니다. 그들 중에는 제품효과를 경험한 후 건강을 되찾아 도매소비자가 된 사람들도 있었고 그 밖에도 많은 사람들이 효과를 경험하여 재주문이 밀려들었죠. 그러나 제 다운라인 중에는 사업구축을 할 수 있는 사람이 없었습니다.

물론 저는 전문가였지만 제 다운라인은 그러한 기술이 없었던 것이죠. 그리고 저는 오랫동안 영향력을 발휘하고 있었지만 다운라인 중에는 그러한 영향력을 지닌 사람이 없었습니다. 게다가 저는 다운라인들에게 '사업'을 가르치는 방법을 몰랐습니다. 전혀 그런 경험이 없었기 때문이죠. 그리고 저는 훌륭한 판촉 편지를 써서 사람들이 여기에 반응을 보이도록 할 수 있었지만 제 다운라인들은 그렇게 할 수 없었습니다.

그 때 처음으로 귀중한 교훈을 얻었습니다. '만약 다른 사람이 따라할 수 없다면 하지 말라!' 는 것이죠. 따라할 수 없는 일은 네트워크 마케팅이 아닙니다."

"그렇다면 따라할 수 있는 일은 뭐죠?"

테이블에 함께 앉아 있던 랜돌프가 물었다.

"랜돌프 씨! 유일하게 따라할 가치가 있는 것은 인간관계를 형성하고 친분관계를 유지하여 동업자 관계로 발전시키며 리더십을 개발하는데 도움을 줄 수 있는 전문적인 성장기술 뿐입니다."

"그렇다면 따라할 수 있는 시스템은 어떨까요?"

랜돌프가 또 물었다.

"가령 예를 들면?"

"카세트 테이프를 예비사업자에게 보낸 다음, 전화로 통화를 하고 자료집을 전달하고 나서 단계별 인터뷰나 프리젠테이션을 거쳐 교육을 하는 거죠."

"랜돌프씨는 이런 방식으로 하십니까?"

위대한 네트워커가 물었다.

"아니오."

"그럼. 랜돌프 씨! 두 가지를 말씀드리겠습니다. 첫째, 제가 아는 바로는 따라할 수 있는 최고의 시스템은 사용, 권유, 후원입니다. 즉, '제품을 사용해라, 제품을 사람들에게 권유해라, 네트워크 마케팅 사업을 하고 싶어하는 사람을 후원해라.' 입니다.

두 번째는 러스 드반에게 배운 것입니다. 러스를 기억하시죠? 제게 손뼉치는 법을 가르쳐 주신 분입니다. 러스는 네트워크 마케팅에서 해야 할 일은 '자신이 사업방식을 배우고 나서 거기에 익숙해지면 2번, 3번, 5번 이상 직접 해본 다음에 다른 사람에게 가르치는 것' 이라고 했습니다.

결국 네트워크 마케팅에서 여러분이 해야 할 일은 이미 알고 있는 사업방식을 사람들에게 가르치는 것이죠. 이해가 되셨습니까? 랜돌프 씨! 아니면 좀더 설명해 드릴까요?"

"잘 알겠습니다."

랜돌프가 말했다. 그러자 낸시가 즉시 대답했다.

"좀더 설명을 해주세요."

"저도요."

밥도 호응했다.

"좋습니다. 여러분 모두는 회사의 제품을 사용하시죠?"

테이블에 앉아 있던 사람들 모두 그렇다고 대답했다.

"좋습니다. 여러분은 다른 사람들에게도 자기 자신처럼 성공적으로 사업을 할 수 있도록 가르칠 수 있을 만큼 제품 사용에 자신이 있습니까?"

"예, 물론이죠."

우리 모두가 대답했다.

"좋습니다. 그 다음은 친구나 가족처럼 가까운 사람 2명을 찾는 것입니다. 제품을 사용했을 때 자신처럼 효능을 경험할 것이라고 예상되는 사람이 누구인지 생각해 보십시오."

그는 이야기를 멈추고 테이블에 모여있는 우리들을 살펴보면서 우리가 그의 말을 잘 따라오고 있는지 확인하였다. 그리고 우리는 그의 이야기를 잘 따라 가고 있었다.

"그 두 사람을 찾으면 이들에게 제품사용을 권하십시오. 제품의 사용법을 가르쳐 주고 제품을 사용하도록 하는 것입니다. 할 수 있겠습니까?"

테이블에 앉아 있던 모든 사람들이 할 수 있다고 대답했다.

"좋습니다."

"이제 여러분은 비록 소규모이기는 하지만 사업을 시작한 것입니다. 여러분 자신이 소비자인 것은 물론이고 소매 고객이 두 명 생긴 것입니다.

그 다음에는 또 다른 사람 2명을 찾아 후원하십시오. 그 사람들은 여러분처럼 네트워크 마케팅 사업을 하고 싶어하는 사람들이어야 합니다. 여러분은 이미 어떤 사람들이 자신의 사업을 하고 싶어하는지 알고 있지 않습니까?

그 두 사람을 찾아 그들에게 제품사용법을 가르치고 두 명의 소매 고객을 찾는 방법을 가르치는 것입니다. 그것이 바로 후원입니다. 이해됩니까?"

모두들 고개를 끄덕였다.

"이제, 여러분이 얻은 것을 알아볼까요? 두 명의 사업자와 두 명의 소매고객이 생겼습니다. 그리고 두명의 사업자와 그 밑에 각각 두명씩 소매고객이 있습니다. 이른바 네트웍 망이 형성된 것입니다. 자, 그러면 계속해 봅시다.

여러분과 여러분의 고객은 각자 매달 도매가로 100달러 어치의 물건을 구매합니다. 그러면 전체 조직의 월매출은 얼마죠?" (조직도를 그리면서 계산을 하면 쉽습니다.)

"900달러요." 낸시가 재빨리 대답했다.(9명×100＝900)

"잘 하셨습니다. 여러분은 이미 2명의 사업자와 그 두 명의 사업자 밑에 4명의 소비고객, 본인 1명과 직속 소매고객 2명.

이제 여러분은 월 900달러의 매출액을 올리는 방법을 알고 있습니다.

그러므로 여러분은 2명의 다운라인 사업자에게 이 방법을 가르쳐야 합니다.

제품을 직접 사용하면서 자신의 다운라인 2명을 후원하는 법과 제품사용을 권할 수 있는 두 명의 소매고객을 만드는 방법을…. 그리고 전체 조직원이 도매가로 100달러 어치씩 구매하게 하는 방법을 가르치는 것입니다. 그러면 얼마죠? 낸시 양! 계산이 빠르신 것 같은데 합이 얼마죠?"

"2,100달러요." (본인 포함, 21명×100=2,100)

낸시가 미소를 지으며 대답했다.

"제가 300달러이고(본인과 직속 소매인 2명) 저의 사업자가 각각 900달러가 되지요." (사업자6명. 소매고객12명)

"완벽합니다! 그 다음은 어떻게 되지요. 낸시 양?"

"1대에 사업자 2명씩을 가지고 있는 저의 다운라인 2명과 함께 월매출이 2,100달러가 됩니다.

그래서 제가 두 명의 다운라인에게 2,100달러 매출을 이루는 조직을 구축하기 위해 해온 방법을 가르치는 것이죠."

"맞습니다! 그렇게 해서 여러분은 자신과 14명의 다운라인을 갖게 되고 매출액도 4,500달러가 됩니다.

(본인1명, 다운라인14명, 각자 두 명씩의 소매고객 30명)

그 다음에 여러분은…."

그는 얼른 말을 맺지 않고 말꼬리를 흐리면서 낸시가 대답하길 기다렸다. 물론 낸시는 즉각 대답 했다.

"저와 다운라인 30명이면 9,300달러가 되죠. 그리고 그 다음에는 18,600달러에 저의 매출액을 더하면 19,000달러가 되겠네요!"

"이것이 바로 네트워크 마케팅이 성장하는 방식입니다."

위대한 네트워커는 마치 동요를 부르는 것처럼 음률을 넣어서 이렇게 말했다.

"그러므로 여러분 모두가 해야 할 일은 사업방식을 배우고 그 일에 능숙해지는 것과 동시에 배운 방법을 다른 사람들에게 가르칠 수 있어야 합니다. 즉, 사용, 권유, 후원 그리고 다른 사람들에게 여러분이 알고 있는 방법을 가르치는 것이죠. 랜돌프 씨! 이것이 바로 따라할 수 있는 시스템이 아닙니까?"

"네, 그렇습니다."

랜돌프가 대답했다.

"이런 시스템을 이용하면 웬만한 사람에게는 한 시간 안에 명확하게 설명해 줄 수 있지 않겠습니까?"

"네, 그렇습니다."

랜돌프가 다시 동의했다.

"하지만 이 시스템에서 가장 중요하면서도 오후 반나절만에 교육할 수 없는 것이 있습니다. 그것은 여러분의 다운라인에게 '말하기'와 '듣기'를 가르쳐 이들이 친분관계를 형성하고 발전시켜 동업자관계로 그리고 더 나아가 리더십을 형성하도록 도와주는 것입니다.

이것은 사업을 구축한 사람으로서 또한 리더로서 다운라인에게 반드시 전수해야 할 요령이며 그 다운라인은 자신의 다운라인에게 그리고 그 다운라인은 또한 자신의 다운라인에게 전수시켜야 합니다. 이것이 바로 성공적인 네트워크 마케팅 사업 시스템에 대한 저의 관점입니다. 어떤 사람에게도 네트워크 마케팅 사업에 대한 기본 교육은 1시간 안에 가르칠 수 있습니다. 하지만 그 나머지는 평생동안의 학습을 통해 이루어지는 과정입니다.

솔직히 말해 사업을 배우고 능숙해지는 동시에 다른 사람에게 교육하는데 있어서 이보다 더 중요한 것이 있다고 생각하십니까?"

랜돌프는 미소를 지으며 머리를 저었다.

"아니오. 더 이상 생각나지 않는데요."

"자, 제가 실패했다고 말씀드렸죠. 저의 진정한 실패는 사람들이 저를 따라할 수 없었다는데 있었던 것이 아닙니다. 사실, 제가 실패했던 원인은 좀더 기본적인 문제에 있었고 저는 그것이 두려웠습니다. 저의 진정한 실패 원인은…"

그는 잠시 말을 멈추었다. 나는 그가 우리에게 극적인 효과를 주고자 하는 것임을 알 수 있었다.

"저는 사람들을 좋아하지 않았습니다!"

나는 우리들 각각의 얼굴 표정이 거의 비슷했을 것이라고 생각한다. 아마도 놀람과 충격적인 표정들이었을 것이다. 왜냐하면 그가 우리들 각자의 표정을 둘러보고는 마구 웃어댔기 때문이다.

"사실입니다."

그가 웃으며 말했다.

"사람을 좋아하지 않는 사람이 네트워크 마케팅같은 사업을 구축하는 것이 얼마나 어려운지 아십니까?"

우리는 한동안 말이 없었다. 그 때 고맙게도 낸시가 말을 꺼냈다.

"좀더 자세히 말씀해 주시겠습니까?"

그는 웃으면서 그녀의 어깨를 다독였다.

"좋습니다. 저는 굉장한 노력을 기울였습니다. 스스로 사람들에게 관심을 갖는 방법을 훈련했던 것이죠. 특히 창의적 청취를 통해 훈련을 했습니다. 그렇다고 훈련이야기를 모두 늘어놓아 여러분을 지루하게 해드릴 생각은 없습니다. 대신 제가 진정으로 어떤 사람이며 인생이 어떤 것인지에 대한 결론을 이미 어린 시절에 내렸었다는 것은 밝혀드리죠. 제가 어떤 사람인가 하면…."

나는 그의 솔직한 감정을 느낄 수 있었다.

"결코 착해질 수 없는 버려진 아이였죠. 제가 무의식적인 청취습관을 갖게 된 것은 거의 평생에 걸쳐 이루어진 것입니다. 그것은 제 스스로 청취 습관을 프로그램화 시켜 버린 것이죠.

그리고 제 인생은 사랑하고 사랑받을 만큼 충분히 좋은 사람이라는 것을 입증하기 위한 투쟁의 연속이었습니다. 그러나 제가 만들어낸 패러다임은 너무나 혼란스러워 달성할 수도 달성되지도 못했습니다. 저는 어린 시절의 결정이 제 인생의 진리인 것처럼 착각하면서 살아왔던 것입니다.

여러분은 네트워크 마케팅이 인간 사업이라는 이야기를 들어 왔습니다. 그렇죠?"

그가 우리에게 묻자 우리는 고개를 끄덕였다.

"그렇다면 인간관계의 정수는 무엇일까요?"

잠시 침묵이 흐른 뒤에 낸시가 먼저 말했다.

"사랑입니다."

"네, 맞습니다."

그리고 그는 나머지 사람들을 향해 계속 이야기를 했다.

"네트워크 마케팅이 인간관계 사업이고 인간관계는 곧 사랑이라면 우리는 직관적으로 네트워크 마케팅의 정수는 사랑하고 사랑받는 것에 있다고 논리적으로 추론할 수 있습니다."

그는 나에게 미소를 보내며 매우 친숙한 영국 억양으로 말했다.

"사랑을 어떻게 만들죠?"…

나는 그 날 아침, 호텔까지 그와 함께 왔다는 것을 생각하고는 그 일이 불과 몇 시간 전이었다는 것이 도무지 믿어지지 않았다. 그 때 그는 내가 후원하는 사람을 사랑하지 못하는 이유에 대해 생각해 보라고 했던 것이다. 그래서 나는 아직 그런 일에 익숙지 못하다고 생각했었다. 그리고 그에게 '나는 사람들을 좋아하는 부류의 사람'이 아니라고 했던 것이다.

그의 권유로 나는 그와 나누었던 대화를 테이블에 앉아 있던 사람들에게 이야기했다.

내가 그에게 '나는 좋은 사람이 아니며 다른 사람이 좋아하는 부류도 아니라고 생각한다'는 것과 균형의 저울 눈금을 내게 힘을 줄 수 있는 새로운 생각 쪽으로 조절해 놓으라는 그의 제안에 대해서도 이야기했다. 그리고 내가 물었다.

"저는 당신의 어린 시절의 결정에 대해 매료되었습니다. 좀 더 자세히 말씀해 주시겠습니까?"

"물론이죠."

그는 대답을 하고 나서 잠시 동안 생각에 잠겨 먼 곳을 쳐다 보며 앉아 있었다. 그리고 잠시 후 말을 이었다.

"때로 우리는 어린 시절에 인생의 패러다임 속에서 생존해야 할 필요성에 대해 결론을 내리기도 하죠. '패러다임' 이라는 단어를 아십니까?"

테이블에 앉아 있는 사람들 중, 세 명이 모른다고 대답했다.

"패러다임은 일의 진행에 대한 모델 또는 구체적인 이해라고 설명할 수 있습니다. 저는 이 단어를 60년대 후반 MIT 대학교수 토마스 쿤이 쓴 〈과학혁명의 구조〉라는 책에서 처음 접했습니다.

과학 패러다임의 예로는 뉴턴의 물리학이 사용되었습니다. 아이작 경은 머리 위에 떨어지는 사과를 보고 중력을 발견한 사람인데 이것으로 세상이 물리적으로 움직이는 방식에 대해 이해를 하게 되었죠.

그의 새로운 아이디어는 처음에는 코페르니쿠스의 이론을 지지하는 사람들에 의해 거센 반발을 받았지만 지혜를 가지고 있는 다른 사람들이 그의 이론을 수용하면서 이 지구상에서 하나의 이론으로 인정을 받게 되었습니다.

그러나 알버트 아인슈타인은 상대성 이론으로 뉴턴의 패러다임을 뒤엎는데 상대성 이론은 양자 물리학을 이끌어 왔으며 세상의 진행 방식을 새롭게 이해한 한 차원 높은 패러다임입니다.

이러한 패러다임은 모든 것과 연관되어 있습니다. 간단히 말해 패러다임은 우리가 말하는 사물의 진행방식을 말하는 것입니다.

여러분은 물론이고 저도 나름대로의 '인생에 대한 진행방식'이 있습니다. 우리는 어렸을 때 이미 패러다임을 만들어 갑니다. 그리고 어떤 이유에 의해 패러다임을 변화시키기 전까지는 그 패러다임에 충실하게 됩니다. 왜냐하면 패러다임은 기초이기 때문이죠. 나머지 인생이 모두 이 패러다임 위에 세워지기 때문입니다.

패러다임을 바꾸려면 많은 노력이 필요합니다. 왜냐하면 패러다임은 기초이자 모든 작업의 근거지이기 때문입니다.

이것은 세상이 코페르니쿠스에서 뉴턴 그리고 아인슈타인으로 진행되는데 오랜 시간이 걸린 것과 같습니다. 어려운 일이었죠. 저는 새로운 사실에 흔들리지 않기로 마음먹었죠. 우리는 우리가 정해 놓은 방식에 애착을 갖고 있습니다.

여러분은 좋은 점수를 받고 좋은 대학에 가서 좋은 회사에서 좋은 직업을 가지고 있다가 40대에 직장을 잃은 패러다임을 가지고 있는 사람을 만나본 적이 있습니까?"

"네." 우리가 대답했다. 왜냐하면 우리 모두가 그러했기 때문이었다.

"이제 여러분은 네트워크 마케팅이라는 급진적이고 새로운 패러다임에 참여하게 되었습니다. 독립적인 사업자가 되어 시간을 자유롭게 이용할 수 있으며 원하는 곳에서 원하는 시간에 원하는 사람과 함께 일할 수 있고 향후 4, 5년 이내에 잉여 수입을 충분히 벌 수 있게 되는 것입니다. 하지만 처음에는 어떠했습니까?"

그가 농담처럼 물었다. 나는 다른 사람들의 표정을 훑어보면서 그가 정곡을 찔렀다는 것을 알 수 있었다.

"여러분 모두 펜과 종이를 갖고 계시죠?"

그가 물었다. 나는 다른 사람과 마찬가지로 즉각 펜과 종이를 꺼냈다.

"와! 저는 아직 펜과 종이를 꺼내라고 말씀드리지 않았는데, 이미 손에 들고 계시는군요. 좋습니다. 이제 펜을 지금까지 집던 손 말고 반대편 손으로 집고 이름을 쓰십시오."

우리가 이름을 쓰자 그가 말했다.

"어색하지 않습니까? 왜냐하면 전혀 다른 패러다임이기 때문입니다. 하기 어렵죠? 사람의 마음을 바꾸는 것도 어려운 일입니다. 그것은 반대편 손으로 글씨를 쓰는 것과 같습니다. 뭔가를 바꾸기 위해서는 강력한 커뮤니케이션이 필요하며 그것은 대부분 외부의 힘에 의해 이루어집니다. 스스로 마음을 바꾸는 일은 절대로 없습니다. 인간의 사고장치는 그렇게 쉽게 바뀌는 것이 아닙니다.

하지만 스스로 발견한 패러다임에 대한 선택권은 바로 여러분에게 있습니다. 여러분은 그 패러다임을 수용할 수도 있고 거부할 수도 있으며 재창조할 수도 있습니다. 이것은 모두 여러분의 선택에 의해 이루어집니다.

그러기 위해서는 우선 패러다임이 존재한다는 것을 깨닫고 패러다임이 어떻게 프로그램 되어 있는지 알아야 합니다.

실제로 지구상의 99.99%에 해당하는 사람들이 어린 시절에 만들어진 구체적인 패러다임에 의해 자신의 인생이 진행되고 있다는 사실을 깨닫지 못하고 있습니다. 우리들 대부분은 어린 시절의 패러다임이 성인이 된 이후에도 우리의 인생을 조종하고 있다는 사실을 깨닫지 못하는 겁니다."

그는 잠시 말을 멈춘 다음 깊이 숨을 들이 쉰 후, 나를 향해 말했다.

"당신과 제가 공통적으로 가지고 있는 패러다임 즉, 다른 사람들을 좋아하지 못하는 패러다임은 어떻게 해서 만들어진 것일까요?"

"글쎄요. 저는 그저 사람들을 피하고 싶었을 뿐입니다."

"저도 그랬습니다. 왜냐하면 거절당하는 고통이 두려웠기 때문이죠. 맞습니까?"

"네, 맞습니다."

"또 한 가지 제가 이와 마찬가지로 고통스러웠던 일은…."

그가 심각하게 말했다.

"과시욕이었습니다. 저는 제가 똑똑하고 창의적이라는 것을 입증하고 싶어 했었죠. 저의 지식이 가치있다는 것을 알리고 싶어한 것입니다. 부족함이 없는 사람이라는 것을 보여주고 싶고 제가 나은 사람이라는 것을 과시하고 싶었습니다!

하지만, 결국에는 비슷하게 부정적인 패러다임을 가지고 비슷한 지점에서 끝이 나고 말더군요. '좋은 사람이 아니다'는 패러다임으로 인해 새로운 관계를 피하게 되고 게다가 우리를 좋아하고 사랑해주는 몇 안 되는 사람과도 관계를 단절하게 된 셈입니다.”

나는 수년 넘게 다른 사람들과 어울리는 것을 피해왔다. 사람들과 떨어져 혼자 서 있거나 혼자서 구차한 변명들을 만들어 사람들과 어울리지 못하는 이유를 합리화시켰다. 그러다가 사람들과 어울리려고 할 때는 내가 얼마나 영리하고 특별한 사람인가를 보여줘서 사람들이 나를 좋아하도록 만들기 위해 피나는 노력을 했다. 그리고 사람들이 나를 좋아할 것이라고 생각했다.

“당신의 표정을 보니 옛날 일을 돌아보면서 자신의 행동을 생각하고 사람들을 피해왔던 것을 인정하거나 아니면 본인이 정말로 부족함이 없는 사람이라는 것을 입증하기 위해 애썼던 때를 회상하고 있는 것 같군요.”

“그렇습니다.”

“여러분 이해해 주십시오.”

그가 테이블 사람들을 둘러보며 말했다. 그리고 계속 했다.

“우리가 이 모든 것을 만들어낸 것입니다. 저는 40대에 들어서기 전까지 제가 이러한 패러다임을 만들어냈다는 사실을 인식하지 못했습니다. 저는 겨우 4살 때부터 지금까지 부족한 사람이라고 생각하며 살아왔습니다. 그리고 제 인생은 제가 공부, 스포츠, 미술, 사업, 돈, 창의력, 여자 관계를 얼마나 잘 하느냐 못하느냐와 관계없이 순조롭지 못했습니다.

그리하여 제가 내린 결론은 ‘제가 잘하지 못했다’는 것이었습니다. 결국 제가 해왔던 모든 것, 목표를 달성하기 위해 노력해 왔던 그 모든 것이 잘못되었던 것으로 판명된 것이죠.

저는 지금도 어떤 일을 하든 결코 잘하지 못할 것이라는 사실 때문에 주춤거리게 됩니다. 마치 중력처럼 이 사실이 저를 항상 밑으로 끌어당기는 것입니다.

물론 의아하게 생각하는 사람이 있을지도 모릅니다. 분명히 저에게는 정신분열적인 증상이 있습니다. 저의 친구이자 스승인 캐롤 맥콜은 좀더 정확하고 완곡하게 '이중적인 성격' 이라고 표현하더군요.

어쨌든, 현재 그리고 역사를 통틀어 수많은 사람들이 어린 시절에 자신은 부족하다는 결론을 내리고 있습니다. 이 개인적인 패러다임에 따라, 어떤 운동선수는 챔피언이 되고 어떤 사업가는 부자가 되며 어떤 배우는 부와 명성을 얻게 되고 어떤 정치가는 권력과 영향력을 거머쥐게 되며 어떤 네트워크 마케팅 사업자는 거대하고 성공적인 조직을 전세계에 세우게 되는 것입니다.

패러다임은 우리에게 매우 중요한 것입니다.

그러나 패러다임에는 자유나 선택권이 없습니다. 패러다임 속에서 산다는 것은 부지불식간에 자신의 모습을 결정한 채, 스스로 만들어놓은 감옥에 갇히게 되는 것입니다. 제가 말씀드린 목자의 이야기를 기억하십니까?"

그가 나에게 물었다.

"자기 자신이 깨달아야만 비로소 자신에게 변화를 가져올 수 있는 것입니다. 그 전까지는 어린 시절 겁에 질려 만들어놓은 결정에 따라 인생을 살게 되는 것이죠. 그에 따라 여러분은 무의식적인 청취를 하게 될 것이고 자신에게 선택권이 있다는 사실을 깨닫기 전까지는 패러다임의 노예로 살아가게 될 것입니다."

그는 잠시 말을 멈추고 우리들 얼굴을 번갈아가며 쳐다보았다. 그의 얼굴에는 아무 표정도 없었지만 어떤 강렬함이 느껴졌다.

"사람들은 평생을 가름하는 어린 시절의 결정과 관련하여 두 가지 유형으로 나뉩니다. 물론 사람들의 성격에 따라 여러 가지 변수가 있을 수 있지만, 대부분 그 두 가지 기본 패러다임으로 나눌 수 있죠. 양과 질이 그것입니다. 즉, 양적으로 부족하거나 아니면 질적으로 부족한 경우로 나뉘는 것입니다.

그리고 사람들을 그 두 가지 유형으로 나누는 방법은 '내가 무슨 일을 하더라도 절대로 ○○ 하지 않는다' 는 문장을 완성하도록 하는 것입니다.

여러분 주위를 살펴보십시오. 그들은 무엇을 추구하고 있습니까? 더 많은 것을 원합니까? 아니면 더 나은 것을 찾고 있습니까?… 예비사업자들을 살펴보십시오. 아마도 그들 모두는 이 두 가지 카테고리 안에 들어올 것입니다. 즉, 더 많은 것을 원하거나 더 나은 것을 원하는 것입니다. 결국 이들은 스스로 만들어놓은 패러다임에 이끌려 살아가고 있음을 알 수 있습니다.

하지만 더욱더 중요한 것은…"
그는 모두의 주의를 집중시키며 단호한 어조로 말했다.

"자신을 돌아보십시오."

그러고는 시계를 들여다보며 말했다.

"이런! 강연장으로 가야겠습니다. 낸시 양!… 제 이야기에 만족하셨기를 바랍니다. 다른 질문이 있으면 나중에 더 이야기하죠. 솔직히 말해 저는 사람들을 좋아하고 사랑하며 보살피는 법을 배웠습니다. 더불어 제 자신을 좋아하고 사랑하며 보살피는 법도 배웠습니다. 이 모든 것은 창의적 청취를 통해 이루어진 것입니다.

물론 이렇게 되기까지는 제 스승인 캐롤 맥콜 선생님의 힘이 컸습니다. 나의 어린 시절 결정에서부터 캐롤 선생님이 말하는 힘을 주는 청취법. 그리고 제가 말하는 창의적인 청취법, 개방적인 청취법, 계획적인 청취법에 이르기까지 그 어느 스승보다 캐롤 선생님과 함께 더 많은 것을 배우고 발견하며 성장하였습니다. 여러분도 이 분의 교육을 받으면 아마도 결혼 생활이 원만해질 것입니다."

그는 너털웃음을 터뜨리며 이렇게 말했다.

"오후 시간에는 창의적 청취법(=계획적 청취)에 대해 좀더 많은 대화를 나누는 것이 좋겠군요. 오전 시간에 계획적 청취에 대해 충분히 다루지를 못했습니다."

"네, 좋습니다."

우리는 일제히 대답했다.

"좀 더 계획적 청취을 다루고 난 다음, 인생의 목표를 다루겠습니다. 저는 여러분이 이 과정을 신뢰하여 모든 것이 완벽하게 진행될 때 기분이 좋습니다. 점심 감사합니다."

그는 테이블에 앉아 있던 우리들 각자의 얼굴을 보며 인사를 했다.

"정말로 감사를 드립니다."

그리고는 돌아서서 식당을 떠났다.

story ❽
계획적 청취와 인생의 목표

낸시를 비롯하여 함께 점심식사를 한 몇 몇 사람들은 다시 강연장으로 돌아왔다. 강연장에는 이미 많은 사람들이 돌아와 있었는데, 그들 중 몇 몇은 자리에 앉아 있었지만 대부분은 삼삼오오 짝을 지어 서성이면서 이야기를 나누고 있었다.

위대한 네트워커는 단상 위의 의자에 앉아 콧등에 얹혀 있는 안경 너머로 노트를 읽고 있다가 가끔씩 청중들을 쳐다보았다. 그리고 단상 위에는 이미 플립 차트가 놓여 있는 것이 눈에 띄었다. 플립 차트를 제외한다면 모든 것이 오전과 다를 바가 없었다.

1시 30분이 되자, 그는 마이크의 전원을 켜고 나서 손뼉을 여러 번 치며 모두들 착석해 줄 것을 부탁했다. 그리고 나서 그가 "점심식사는 즐겁고 맛있었습니까?"라고 묻자 청중들은 일제히 "네."라고 대답하였다.

"좋습니다. 자, 점심시간 동안의 과제물은 청취였습니다. 어떠셨습니까? 청취와 관련하여 새롭게 발견한 사실 중, 가장 흥미로운 점은 무엇이었습니까?"

여러 사람들이 자신이 발견한 사실을 발표하였고 발표가 끝날 때마다 위대한 네트워커는 그들의 발견을 토대로 하여 어떤 '새로운 행동'을 실천할 것인지를 물었다.

매트라는 남자는 자신의 청취습관이 과거와 어떻게 연계되어 있는지에 대해 발표하였다. 그러자 위대한 네트워커는 좀더 자세히 말해줄 것을 그에게 부탁하였다.

그러자, 매트가 설명을 다시 시작했다.

"저는 사람들의 이야기를 듣고 있는 동안 이미 제 생각을 굳히고 있다는 사실을 깨달았습니다. 다시 말해 저는 끊임없이 상대방의 의견에 동의할 것인가, 하지 않을 것인가를 생각하고 있었던 것입니다. 그리고 그 결정은 상대방의 이야기를 경청하기보다는 제 과거의 경험이나 상대방에 대한 선입견 아니면 주변 사람들의 이야기에 따라 내려졌다는 사실을 발견했습니다."

"매트 씨! 그러니까 당신은 상대방의 이야기와 자신의 생각을 비교한 거로군요. 이를테면 상대방의 이야기가 당신의 의견과 일치하는지를 알아보고자 하는 것이지요. 그렇습니까?"

"네. 저는 이야기를 할 때나 들을 때 모두 그랬습니다. 그 때문에 정작 이야기 자체에 대해서는 주의를 기울이지 못했습니다."

"좋습니다. 이제부터 당신과 대화를 시작하겠습니다. 그렇다고 당황할 필요는 없습니다. 이야기를 할 때에는 우선 대화를 계속해도 좋을지 당신의 허락을 받을 테니까요. 솔직하고 정직하게 대화에 임해 주시기 바랍니다?"

"네, 그렇게 하겠습니다."

"매트 씨! 당신은 이야기를 듣기에 앞서 이미 혼자서 결정을 내려버렸고 말하는 사람에 대한 선입견을 갖고 있다고 말했습니다. 그렇습니까?"

"네."

"그것이 바로 제가 말씀드린 '반응적 청취' 라는 것을 알고 있습니까?"

"물론이죠."

"좋습니다. 그럼 왜죠?"

"왜냐하면 저의 청취 자세가 열려 있지 않기 때문입니다. 제 의견과 판단에 방해가 됩니다."

"잘하셨습니다. 그럼, 어떻게 해서 이러한 청취 습관이 생겨났는지 알고 계십니까?"

"예." …

위대한 네트워커는 의자에서 내려와 무대 앞을 서성이며 청중들을 향해 다음과 같이 말했다.

"이러한 종류의 반응적 청취는 우리 모두의 문제일까요? 아니면 매트 씨만의 문제일까요?"

그가 미소를 지으며 물었다. 청중들은 모두 이구동성으로 매트 씨만의 문제가 아니라고 답했다.

"오늘 저는 여러분께 반응적 청취 습관을 버리고 창의적 청취 습관을 갖도록 할 것입니다. 자, 그 과정을 시작합시다.

1단계는 개방적 청취입니다. 매트 씨는 자신의 의견과 판단으로 인해 어떻게 해서 폐쇄적 청취자가 되었는지 이해하게 되었습니다.

매트 씨는 사람들의 이야기를 거의 듣지 않습니다. 왜냐하면 이미 이야기에 대한 결정을 내려 버렸기 때문이죠. 대화의 각 부분에 대해 그는 스스로 옳고 그름을 판단해 버리는 것입니다. 그렇죠? 매트 씨!"

"맞습니다. 그 때문에 사실 많이 불편했습니다."

"매트 씨! 오늘 우리들을 위해 실험대에 올라 주신 용기에 감사드립니다. 또한 자신을 예로 들어 저희들 앞에서 기꺼이 자신을 성찰해 주신 것에 대해서도 감사드립니다.

잠깐만, 모두들 듣고 보십시오. 자신이 어떤 생각을 하는지 점검해 보십시오. 그저 '가엾은 매트'라고 생각하거나 아니면 아무 생각도 없이 앉아 계시는 분은 무의식적인 청취자입니다. 그리고 이 문제가 바로 오늘 우리가 공부해야 할 과제입니다.

지금, 매트 씨의 이야기를 듣고 있는 여러분의 청취 자세를 살펴보십시오. 지금 시작하십시오."

그가 청중들에게 요청했다.

잠시 후, 약 10초 정도가 지나고 나서 그가 다시 이야기를 시작했다.

"이제, 자문해 보십시오. 현재 나의 청취 습관이 사람들과 이 과정에 도움이 되고 있는가? 아니면 그렇지 못한가? 스스로 생각해 보십시오. 자신의 청취가 얼마나 도움이 되고 있는지 점검하십시오."

이번에는 20초 정도 시간을 주었다.

"오늘 여러분은 '청취 자세는 우리 스스로가 만들어낸다' 는 이야기를 누차 들었습니다. 그리고 청취 자세는 반응적일 수도 있고 창의적일 수도 있습니다. 이것은 습관 아니면 여러분의 선택에 따른 것입니다.

즉, 반응적인 경우는 습관에서 나온 청취법입니다. 그러나 창의적인 것은 선택에 따른 것입니다.

여러분은 여러분의 인생과 일이 어떻게 이루어지기를 바라십니까? 습관에 따라 이루어지길 바랍니까? 아니면 여러분의 선택에 따라 이루어지길 바랍니까?

잠시 멈춰 서서 듣고 보십시오. 멈춰 서서 자신이 하던 일을 살펴보십시오. 알지 못하는 사이에 습관적으로 하고 있는 일이 없는지 살펴보십시오. 예를 들어 신발을 신거나 이를 닦는 것과 같은 행동 말입니다.

의식을 갖고 일을 하십시오. 그렇게 되면 습관적인 행동은 사라지게 됩니다. 창의적으로 본인과 다른 사람들에게 도움을 줄 수 있는 새로운 자세를 만들어 가십시오. 그리고 자신의 청취 자세를 결정하는데 있어서 그 청취 자세가 다른 사람에게 도움을 줄 수 있는지 살펴보십시오.

'이것이 바로 제가 말하는 계획적 청취입니다.'

매트 씨는 여기에서 본연의 모습으로 서 있었습니다. 여러분은 매트 씨의 이야기를 들으면서 긍정적 또는 부정적인 자세로 있었을 것입니다. 즉, 도움을 주느냐 아니면 그렇지 못하느냐 둘 중의 하나이겠지요. 만약 제가 매트 씨의 이야기를 무심히 듣는다면 그것이 매트 씨에게 도움이 되겠습니까? 또한 제 자신에게 도움이 되겠습니까?"

그는 스스로의 질문에 답변을 했다.

"분명, 도움이 되지 못할 것입니다. 그러나 여기 약간의 속임수가 있을 수 있습니다. 저는 매트 씨의 이야기를 들으면서 마치 매트 씨에게 문제가 있고 제가 그 문제를 해결해 줄 수 있는 것처럼 이야기를 듣는 것입니다.

또는 그가 저의 도움을 필요로 하고 있다거나 제가 그를 구해주어야 한다거나 아니면 매트 씨가 저의 보호를 필요로 하고 있다거나…. 이 외에도 수백 가지가 있을 수 있습니다.

이것은 창의적인 방식으로 이야기를 듣는 것이 아니라 반응적 청취 습관을 연습하고 있는 것입니다. 즉, 무의식적인 청취 습관인 것이죠.

하지만 매트 씨에게 도움을 줄 수 있는 청취법을 선택하기만 하면 계획적 청취 자세로 바꿀 수 있습니다. 저는 매트 씨의 이야기를 현명하게 의식적으로 경쟁력을 갖추고 파트너로서 리더로서 특별하게 들어 줄 수 있습니다.

그러기 위해서는 반응적 청취 습관 즉, 무의식적 청취 습관을 경계하면서 매트 씨에게 도움을 줄 수 있는 계획적 청취 자세를 선택해야 합니다. 즉, 매트 씨와 스스로에게 도움을 줄 수 있는 자세로 매트 씨의 이야기를 듣는 것입니다.

그러면 어떤 일이 일어날까요? 제가 매트 씨의 이야기를 현명하게 의식적으로 경쟁력을 갖추고 파트너로서 리더로서 특별하게 든는다면 제가 어리석은 방식으로 딴 생각을 하면서 부정적 생각을 가지고 이야기를 들을 때보다 매트 씨가 다른 모습으로 나타날 가능성이 있다고 생각하십니까?"

　　그는 의자에 똑바로 앉아서 잠시동안 말없이 없었다. 그리고는 이렇게 물었다.
　　"여러분의 그룹에 불평불만을 늘어놓는 다운라인이 있습니까?"
　　나는 주위를 둘러보았다. 많은 사람들이 그렇다고 대답하였고 일부는 웃거나 머리를 흔들고 있었다.
　　"그러면 불평하는 사람이 단 한 명도 없는 그룹을 갖고 계신 분이 있습니까?"
　　몇 사람이 손을 들었다.
　　"재미있군요. 그룹에 불평을 늘어놓는 사람이 단 한 명도 없다고 손을 드신 분은 일어나 주시겠습니까?"
　　대여섯 명이 일어났다.
　　"그러면 자리에 앉아 계신 분들께 솔직한 생각을 묻겠습니다. 여러분 중에 혹시 지금 서 계신 분들에게 '이봐요, 그룹에 몇 사람이 있소. 두 명? 세 명?'이라고 묻고 싶은 분 계십니까? 아니면 지금 서 계신 분들에 대해 아무런 생각도 하고 있지 않은 분 계십니까?"
　　그는 미소를 지으며 질문했다. 꽤 많은 사람들이 머리를 흔들거나 쑥스러운 표정을 지으면서 손을 들었다.

"저도 고백하지요. 저는 전세계에 뻗어 있는 저의 네트웍 망을 관리하면서 간혹 리더들에게 조직에 부정적인 사람이 없느냐는 질문을 합니다. 그런데 어느 날, 한 리더가 부정적인 사람이 없다고 하더군요. 그 때 저의 반응적 청취 습관이 어떻게 작동했을까요?"

그는 청중들을 둘러보며 스스로 대답을 했다.

"즉각 무의식적인 청취 습관이 발동했습니다. 그래서 그 남자에게 다분히 빈정거리는 어투로 질문을 했죠. '그룹에 몇 명이 있습니까?' 저는 그가 3명 또는 5명이라고 대답할 것이라 확신하고 있었습니다. 아니면 강한 종교적 이념으로 뭉친 사람들일 것이라고 생각했죠. 그런데…."

그는 마치 비밀스러운 이야기라도 하는 것처럼 몸을 앞으로 숙이며 말했다.

"그 남자 대답이 7,000명이라는 것입니다."

그는 웃음을 터트렸다.

"생각해 보십시오. 7,000명! 전체 다운라인을 통해 단 한 명의 불평론자도 없다는 것입니다. 그 이유를 아시겠습니까?"

그가 청중들에게 물었다. 그리고 그가 답했다.

"왜냐하면 여기 서 계시는 분들과 마찬가지로 창의적인 청취 자세를 갖고 있었기 때문입니다. 따라서 불평이 생길 여지가 없었던 것이죠. 그는 다운라인의 이야기를 긍정적으로 그리고 리더로서 존중을 하면서 계획적 청취 자세로 들었던 것입니다. 그랬기 때문에 아무런 불평도 생기지 않았던 것이죠."

그리고 그는 일어나 있는 6명을 가리키며 이렇게 말했다.

"여기 계신 분들은 창의적 청취를 구현하고 있습니다. 즉, 다운라인과 자기 자신에게 도움을 줄 수 있는 청취 자세를 갖고 있는 것입니다. 물론 이러한 자세를 선천적으로 타고나는 사람도 있을 것입니다. 그리하여 이 분들은 계획적 청취가 필요하다는 생각을 해본 적이 없을 수도 있습니다. 아마도 사람들에게 도움을 주는 청취가 습관적으로 몸에 배어 있기 때문일 것입니다. 하지만 이것은 우연입니다. 모든 사람에게 공통적으로 있는 일이 아닌 것입니다.

그러면 우리 같은 나머지 사람들은 어떻게 해야 할까요?

대답은 자명합니다. 도움이 되는 청취 자세를 만들어 가야죠. 창의적인 청취 자세를 선택하여 그것이 습관이 될 때까지 노력을 기울여야 합니다!

상대방의 가치를 존중하며 이야기를 들을 때 우리는 상대방에게 도움을 줄 수 있습니다. 또한 상대방의 이야기를 가장 잘 들으려면 질문을 해야 합니다. 그러면 매트 씨! 어떤 방법으로 이야기를 듣는 것이 당신에게 도움이 되겠습니까?"

"분별력이오."

매트가 즉각 대답했다.

"그 외에 다른 것은 없을까요?"

위대한 네트워커가 다시 물었다. 매트는 생각에 잠긴 듯했지만 얼른 대답이 떠오르는 것 같아 보이지 않았다.

"매트씨 자신의 가치를 생각해 보십시오."

위대한 네트워커가 지시했다.

"상대방이 자신의 가치를 인정하고 존중해 주었을 때 자신에게 힘이 될 수 있는 가치를 생각해 보십시오."

"아!"

매트는 탄성을 질렀다. 그의 얼굴은 새로운 발견으로 환하게 밝아졌다. 그리고 다음과 같이 말했다.

"'제 이야기를 정직하게 들어주십시오. 사람들의 인생에 진정한 변화를 가져다 줄 수 있는 사람으로서, 사람들에게 용기를 주고 최선을 다하는 사람으로서, 리더로서 제 이야기를 들어주십시오.' 라고 말합니다."

"잘 하셨습니다!"

위대한 네트워커는 웃으면서 청중들을 향해 말했다.

"매트 씨의 변화가 느껴집니까? 매트 씨가 자신의 가치와 자신의 이야기를 들으면서 자신의 가치를 존중해 줄 수 있는 방법에 대해 이야기할 때 그의 변화된 모습을 보셨습니까?"

나는 분명 변화를 목격할 수 있었다. 심지어 매트의 목소리조차 바뀌었던 것이다. 훨씬 강해지고 분명해진 것 같았다.

내게는 그가 리더로서 그리고 다른 사람들에게 도움을 주기 위해 전념할 사람으로 보여졌다.

"매트 씨! 인생의 목표가 있습니까?"

"물론입니다. 하−지만… 항상 분명하지 않았습니다. 그래서 오늘 저는 중요한 일을 해야 한다고 생각합니다."

위대한 네트워커는 이야기를 유도했다.

"좋습니다. 저도 매트 씨가 그럴 것이라고 확신하고 있었습니다. 그렇다면 오늘 저와 함께 인생의 목표에 대해 제일 먼저 작업을 해주시겠습니까?"

"물론이죠!"

매트가 힘주어 대답했다. 위대한 네트워커는 매트를 무대 위로 불러 올려 의자에 앉으라는 몸짓을 했다. 그러고는 손에 쥐고 있는 마이크를 건네주고 매트의 이야기를 우리 모두가 들을 수 있도록 했다.

그 다음 플립 차트를 매트 옆으로 옮겨 놓고 빨간색 마커 뚜껑을 열어 재빨리 1, 2인치쯤 되는 직선을 양손으로 상단 모서리에서 아래로 내려긋고 아래 모서리에서 왼쪽 위로 올려 그었다. 그리고 이야기를 시작했다.

"저는 점심시간에 새로운 친구 분들과 함께 저의 가치 중의 하나가 매우 훌륭하다는데 의견을 같이 했습니다. 그리하여 저는 이와 같은 프레임을 만들었습니다."

그는 종이 모서리 둘레를 두르고 있는 빨간 선을 가리키며 말했다.

"이 프레임이 훨씬 더 전문적이고 완성된 것처럼 보이는군요. 저는 빈 공란에 채워 쓰기 보다 이런 프레임을 훨씬 좋아합니다. 이것은 제가 미술학교에 다녔기 때문인 것 같습니다."

그는 웃으며 이렇게 덧붙였다

"4년이라는 시간과 등록금을 합치면 엄청날 것입니다. 자, 매트 씨, 당신의 가치를 이야기해 주십시오."

"차별화를 시키는 것입니다." 매트가 즉각 말했다. 그러자 위대한 네트워커는 차트 위에 검은 색 마커로 빠르고 깔끔하게 '차별화'라고 적었다.

"좋습니다. 그 외에는 없습니까?"

"우수성도 제게 중요합니다. 될 수 있는 한, 최고가 되는 것이죠. 또한 다른 사람들도 최고가 되도록 만드는 것입니다."

"좋습니다."

위대한 네트워커는 이렇게 말하면서 '우수성' 그리고 '최고가 되는 것./남들도 최고가 되도록 만드는 것'이라고 차트에 적었다.

"더 얘기해 주십시오."

그는 글씨를 쓰고 난 뒤, 매트를 바라보며 말했다.

"리더십이오."

매트가 덧붙였다.

"좋습니다. 또 있습니까?"

"음….'

매트는 좀더 생각하고 있는 것 같았다. 그는 실눈을 뜨고 천장을 올려다보았다. 그때 위대한 네트워커가 말했다.

"아까 정직을 말씀하셨는데 성실성도 중요합니까?"

"물론입니다."

매트가 단호하게 대답했다. 위대한 네트워커는 정직과 성실성 모두를 적어 넣었다.

"정말 잘 하셨습니다. 매트 씨!"

"그리고 당신에게는 '인정'도 중요하죠?"

위대한 네트워커는 눈을 반짝이며 물었다. 그러자 매트는 고개를 끄덕이고 웃으며 말했다.

"그렇다고 생각합니다."

"제가 그것을 어떻게 알았을까요?"

위대한 네트워커는 매트의 이야기를 차트에 적어 넣으면서 특정한 사람을 지칭하지 않은 채 물었다.

"자, 다 되었는지 봅시다. 매트 씨!"

그가 말했다. 그리고는 매트의 가치를 큰 소리로 읽었다.

"차별화, 우수성, 최고가 되는 것./남들도 최고가 되도록 만드는 것, 리더십, 정직과 성실성, 인정 그리고 5개만 더 찾아보죠."

매트의 눈이 다시 좁아지면서 강연장의 높은 천장을 응시했다. 위대한 네트워커는 참을성 있게 기다렸다. 30초쯤 지나자 위대한 네트워커가 매트에게 물었다.

"도움이 필요하십니까?"

"네."

매트는 즉각 대답했다.

"일을 할 때 무엇을 항상 염두에 두십니까?"

"임무 완수요." 즉각 대답이 나왔다.

"어떤 일에서도요?"

"네, 어떤 일에서도."

매트의 대답으로 보아 그의 의지는 매우 단호함을 알 수 있었다.

"그 외에 다른 것이 있습니까?"

"공정한 것이오."

매트가 말했다. 그러자 위대한 네트워커는 정직과 성실성을 가리키며 물었다.

"이것과 다른가요?"

"아니오. 같군요."

"좋습니다. 그러면 질문을 하나 더 하겠습니다. 세상에서 누구를 가장 존경하십니까?"

"역사적인 인물을 말씀하시는 겁니까?"

"그럴 수도 있고요. 아니면 운동선수, 사업가, 예술가, 작가, 가족, 배우, 정치가, 유명인사 그 누구든 상관없습니다."

"두 사람이 있습니다. 저의 어머니와 마이클 조던입니다."

"멋진 콤비네이션이군요. 어머니가 농구를 잘 하십니까?"

"아뇨. 사다리에서 덩크슛을 할 수는 없지 않습니까. 어머니 키는 약 150센티미터밖에 안됩니다."

"그 두 분에 대해 이야기해 주십시오. 그 분들의 어떤 점을 가장 존경하십니까?"

"글쎄요. 마이클 조던은 농구에서는 최고입니다. 과거에도 그랬고 앞으로도 최고일 거라고 생각하지만 그것은 두고 봐야 겠지요. 하지만 솔직히 말하면 그가 최고가 아니기를 바랐습니다. 그래도 그는 우수했죠. 그러나 단지 개인적인 우수성만으로 그가 경기를 한 것은 아닙니다. 그가 경기를 할 때는 모든 것이 우수 그 자체였습니다."

"그러면 마이클 조던의 어떤 점을 가장 존경합니까?"

"그는 다른 사람의 우수성을 이끌어낼 줄 압니다. 조던은 개인적으로 세계 최고의 선수라는 점에 만족할 수도 있습니다.

하지만, 그는 그 이상을 원했습니다. 그는 다른 선수들도 자신처럼, 우수한 선수가 되기를 바랐습니다. 조던은 팀메이트도 최고가 되기를 바랐던 것입니다. 그리하여 그는 모든 사람들이 함께 게임에서 승리를 얻게 했습니다.

여기서 진정으로 특별한 점은 모든 활동과 인정, 그리고 돈과 함께 그는 우리 모두에게 승리감을 가져다주었다는 사실입니다. 그는 우리에게 위대한 이름과 얼굴을 보여주었습니다. 그의 위대함은 살아있고 그 사실을 전세계 앞에서 증명하였습니다. 그는 인간의 위대성이 존재한다는 사실을 잊지 않게 해준 인물입니다."

"저도 조던과 같은 사람이 되고 싶습니다."

위대한 네트워커가 덧붙였다. 그리고 이렇게 물었다.

"어머님은요?"

"저의 어머니는 가장 위대한 분입니다. 어머니는 저와 제 누이가 운동이나 공부, 무엇이든 열심히 할 수 있도록 늘 격려해 주셨습니다."

"좀더 자세히 말씀해 주시겠습니까?"

"제가 채 두 살도 되기 전에 아버지가 돌아가시고 어머니는 혼자 힘으로 저희들을 키우셨습니다. 제 어머니는 아버지이자 어머니이시며 가장 좋은 친구이기도 합니다.

어머니는 열심히 일하셨고 진심으로 만족할 줄 알았습니다. 그리고 어머니는 초지일관하시는 분이며 매우 독립적입니다.

하지만 당신이 원하는 것보다는 저희를 돌보는 일을 항상 우선으로 하셨죠.

또한 어머니는 우리가 스스로 선택할 수 있도록 하셨습니다. 어머니께서는 제가 청소부가 되기를 원한다고 해도 괜찮다고 말씀하셨습니다. 대신 마을에서 최고의 청소부가 되라고 하셨죠."

　"정말 훌륭하신 어머니로군요."

　위대한 네트워커는 매트의 어깨에 손을 얹으며 말했다.

　"책임감에 대해서 어머니는 어떻게 가르치셨습니까? 매트 씨!"

　"어머니는 늘 우리에게 책임감있는 사람이 되는 방법을 가르치셨습니다. 어머니는 인생에 있어서 하고 싶은 일, 즐기고 싶은 것이 있었을 때에도 우리를 돌봐야 할 경우에는 그것을 모두 접어두었습니다. 저는 그런 저의 어머니를 존경합니다."

　"어머니의 어떤 점을 가장 존경하십니까?"

　"책임감이오. 그리고 어머니의 헌신과 자애로움이요. 또한 어머니는 늘 웃으시며 일을 했습니다. 항상 즐거운 표정이었죠. 그리고 우리도 즐거운지 확인하셨습니다.

　하지만 두 아이를 혼자 키우면서 그렇게 하는 것이 얼마나 힘든 일인지 저는 잘 압니다. 되돌아 생각해 보면 그 때 가장 많이 웃고 살았던 것 같습니다. 어머니는 즐겁게 일을 하셨고 우리를 행복하게 해주셨습니다. 어머니는 여러 모로 위대한 스승입니다."

　"헌신은 당신에게 가치가 있습니까?"

　"네."

　"즐거움은 어떤가요?"

"아, 물론이죠!"

"스승이 되는 것은요?"

"어머님이 위대한 스승이라고 말씀드렸을 때 저도 그 점에 대해 생각해 보았습니다. 저 역시 사람들에게 최고가 되는 방법에 대해 가르치고 싶습니다."

"당신의 인생 목표는 무엇입니까?"

매트가 돌아서서 그를 쳐다보았다. 그때, 나는 매트의 눈이 눈물로 글썽이는 것을 보았다. 매트는 결국 두 손으로 눈물을 훔쳤다. 그리고 나서 긴 한숨을 쉬며 말했다

"제 인생 목표는 교사입니다. 교사가 되는 것입니다."

"그러면 무엇을 가르치실 겁니까?"

"최고가 되는 법을 가르칠 겁니다. 자신의 위대성에 책임을 지며 최고의 사람이 되는 법을 가르칠 겁니다."

"즐겁게 일을 하는 것은요?"

"그것도 가르칠 겁니다."

그렇게 대답하면서 매트는 환한 웃음을 지었다.

나는 다른 사람들의 눈치를 살필 겨를이 없었다. 너무 큰 감동을 받았기에 일어나서 손뼉을 치기 시작했다. 그러나 그렇게 하는 사람이 나뿐만이 아니었다. 수십 명의 사람들이 동시에 일어나 손뼉을 치기 시작했다. 이내 모든 청중이 매트에게 기립박수를 보냈다. 정말로 장관이었다.

위대한 네트워커는 매트와 약간 떨어진 거리에서 머리를 숙인 채, 매트에게 미소를 보내고 있었다. 분명히 매트가 모든

박수를 받을 수 있도록 하기 위한 배려였을 터였다. 그리고 다시 매트에게 다가가 그를 강하게 껴안고는 이렇게 말했다.

"감사합니다. 매트 씨! 정말 감동적이었습니다."

매트는 무대에서 내려와 여전히 환한 미소를 지으며 자신의 자리로 돌아갔다.

"이제 우리가 해야 할 일은 인생의 목표에 대한 작업입니다. 우선 그 방법을 설명해 드리지요."

그는 앞서 말한 시너지 효과를 상기시키며 사람들을 6개의 그룹으로 나눴다. 그리고 오전에 가치에 대해 이야기를 나누었던 파트너와 계속 짝을 하라고 했다.

왜냐하면 '가치'가 이번 훈련에서 가장 중요한 부분이기 때문이다. 그런 다음 의자를 옮겨 강연장 전체에 여러 개의 작은 원을 만들도록 했다.

그렇게 그룹이 만들어지자 그는 각 그룹마다 한 사람씩 선정하여 그 사람에게 자신의 가치를 10가지씩 적도록 했다.

그 다음 가장 중요한 가치 4, 5개에 중요하다는 표시를 하도록 시켰다. 그 작업이 끝나자 그는 우리에게 매우 흥미로운 방법을 소개하였다.

그 10가지 항목에는 1점에서 10점까지 각각 점수를 매겼는데, 10점을 받은 항목이 최고의 가치로서 가장 중요하고 특별한 항목이었다. 그리고 그는 전체 가치 목록을 점검하여 그 중 10점 점수를 받은 항목을 하나 선정하도록 했다.

어떤 항목에 최고의 점수를 줄 것인가?

일단 10점을 줄 항목을 결정하고 나면 나머지 항목들은 10점을 받은 항목과 비교하여 상대적인 점수를 주면 된다.

즉, 10점을 받은 항목과 비교해 이 항목은 얼마인지, 저 항목은 얼마인지 매기는 것이다. 이렇게 점수를 매기면 중요한 항목 4개 또는 5개 항목을 선정하기가 매우 쉬워진다. 결국 '필수적인' 항목을 뽑고 나서 그것을 인생의 목표에 짜 넣으면 되는 것이다.

"매트 씨는 인생의 목표를 말하면서 문장 처음에 '나는'이라는 단어로 시작했습니다. 이것은 매우 좋은 방법입니다.

왜냐하면 선언의 의미가 들어가기 때문입니다. 어떻게 보면 세상에 그리고 자기 자신에게 공표를 하는 셈이 되는 것입니다.

만약 여러분의 인생 목표가 약속을 지키는 것이라면 '이것은 이렇다. 왜냐하면 내가 그렇게 말했기 때문이다'라는 식으로 쓰면 됩니다."

그는 각자의 그룹으로 가서 45분 동안 가치 목록을 완성하고 인생의 목표를 작성하도록 권했다.

시간이 되자 그는 손뼉을 두어 번 치며 큰 소리로 말했다.

"이제 그만하십시오! 좋습니다. 누가 먼저 인생의 목표를 발표하시겠습니까?"

나를 포함하여 많은 사람들이 손을 들었다. 그는 먼저 나를 지명했다.

"일어나서 성함을 말씀해 주시고 당신의 인생 목표를 얘기해 주시겠습니까?"

나는 일어나서 청중들을 향해 내가 일주일 동안 위대한 네트워커와 나의 인생 목표에 대해 생각하고 정리했던 것을 기억하며 이야기를 시작했다.

"저는 사람들에게 성공하는 법과 자유로워지는 법. 그리고 인생의 목표를 달성하는 법을 가르치겠습니다. 그리고 수백만에 달하는 사람들의 인생에 커다란 변화를 일으키겠습니다."

나는 프리젠테이션을 할 때처럼 가장 크고 좋은 목소리로 말했다. 하지만 처음에는 낯선 사람들 앞에서 이야기한다는 것이 쑥스럽고 긴장이 되었다. 그러나 나에게 더욱더 분명하게 다가온 것은 내 가슴이 넓어지고 팽창되는 느낌이었다. 또한 평온한 느낌이 들었다. 내 가슴속에 방금 발표한 인생의 목표가 진정한 나의 모습이라는 생각이 분명하고 깊게 새겨진 것이다.

"감사합니다."

위대한 네트워커가 말했다. 그는 나에게 미소를 보내며 잠시 나를 응시했다.

"자신이 자랑스럽습니까?"

"네."

나는 자랑스러운 마음으로 대답했다.

"저도 그렇습니다. 다음은 어느 분이 하시겠습니까?"

그는 키가 크고 20대 초반으로 보이는 잘생긴 남자를 지명했다. 그리고 그의 인생 목표를 발표해 줄 것을 청했다.

"제 이름은 루크입니다."

그가 일어나서 말했다.

"죄송합니다만, 루크! 몇 살이십니까?"

"스물 셋입니다."

루크는 씩하고 웃으며 대답했다.

"좋은 나이군요. 인생의 목표가 무엇입니까?"

"저는 열정적으로 살면서 제 인생을 즐거운 일들로 가득 차게 하고 싶습니다."

나는 그의 환한 표정에서 그가 진정으로 자신이 말한 것에 대해 만족한다는 것을 알 수 있었다.

"고무적이군요. 장담하건대 저뿐만이 아니라 이 곳에 계신 다른 모든 분들도 20대에는 그러한 인생의 목표를 가졌을 것입니다."

"다른 목표는 전혀 없습니까!" 누군가가 이렇게 소리치는 바람에 우리는 모두 웃었다.

"감사합니다, 루크 씨! 다음은 어느 분?"

"안녕하세요? 저는 로빈입니다."

젊고 매력적인 여자가 일어나서 말했다.

"제 인생 목표는 협동과 협력을 통해 치유 공간을 함께 만드는 것입니다."

"로빈 양! 정말 대단하군요. 협력과 협동이라… 로빈 양은 분명히 이 업계에서 강력한 동업자가 될 것이라 믿습니다."

"예."

로빈은 환하게 웃으며 자리에 앉았다.

"저는 수입니다."

긴 머리를 한, 키 크고 아름다운 여자가 말했다.

"저는 인간애를 가지고 이야기를 듣고 춤을 추겠습니다."

"수 양! 춤에 대해 좀더 자세히 말씀해 주시겠습니까? 인간애를 가지고 춤을 춘다는 것이 무슨 뜻이지요?"

"어떤 사람과 춤을 추든, 어떤 위치에 있는 사람과 춤을 추든 인간애를 가지고 춤을 춘다는 의미입니다."

그녀가 대답했다.

"그렇다면 사람들과 파트너십 관계를 맺는데 있어서도 춤을 통해서 하신다는 말씀입니까?"

"네."

그녀가 대답했다.

"수! 파트너십에는 목표가 있다고 생각하는데 수 양은 한 가지 목표를 위해 춤을 추는 것입니까?"

"맞습니다."

"좀더 자세히 말씀해 주시죠."

"저는 춤을 가르치고 있습니다. 그리고 그 일속에서 사람들이 자신의 동작을 찾도록 도와주는 일이 좋습니다. 춤은 음악에 맞춰 추는 것뿐만 아니라 음악 자체가 되어야 합니다. 저는 이러한 생각을 댄스 스튜디오에서 탈피시켜 인간의 삶 속에 가장 중요한 부분으로 자리잡게 하고 싶습니다."

"어떤 춤이든 상관없이 말입니까?"

"네. 저는 사람들과 파트너가 되어 그들이 하는 일을 최고로 만들고 싶습니다. 그리고 그것이 트로트이든 탱고이든 재즈이든 탭이든 발레이든 스윙이든 상관없습니다.

저는 사람들이 모든 인생을 춤과 함께 경험하면서 좋아하는 춤을 출 때 느껴지는 생기와 우아함 그리고 즐거움과 기쁨을 함께 누리게 하고 싶습니다."

"알겠습니다! 제 생각으로는 인간애를 가지고 이야기를 듣고 춤을 추는 인생의 목표에 한 가지를 더 첨가하면 좋겠군요. 제 생각을 두 단어로 표현하자면 위대함과 즐거움입니다. 이 단어들을 잘 검토해서 본인의 인생 목표에 포함시킬 것인지 생각해 보시지 않겠습니까?"

"물론이죠. 저는 제 인생의 목표와 함께 춤을 추겠습니다. 그리고 위대함과 즐거움을 첨가하겠습니다."

수는 밝게 웃으며 감사하다는 인사를 했다.

수가 자리에 앉자 켄이라는 남자가 일어났다.

"저는 자유를 통해 사람들을 우수하게 만들어 주고 싶습니다."

"훌륭합니다. 켄! 감사합니다."

그 다음에는 안경을 낀 키 큰 남자가 일어나며 말했다.

"저는 단입니다. 저는 인간을 인도하여 신(神)의 선(善)을 찾을 수 있도록 도와주고 싶습니다."

그리고 위대한 네트워커가 말을 채 꺼내기도 전에 단 옆에 앉아있던 여자가 일어나 말했다.

"저는 단의 아내입니다. 저는 세상에 사랑을 심어주고 싶습니다."

"두 분, 고맙습니다."

위대한 네트워커가 말했다. 그리고 또 다른 남자가 말했다.

"제 이름은 그랙이고 저는 친절, 연민, 사랑으로 봉사하고
싶습니다."

"멋있군요 오늘 강연장은 사랑으로 충만합니다. 감사합니
다. 그랙!"

다음은 밸이라는 이름의 키가 크고 멋있게 생긴 여자가 일어
나서 말했다.

"저는 사람들의 이야기를 잘 들어주고 함께 즐기면서 세상
을 밝게 하고 싶습니다."

"훌륭합니다! 저는 이렇게 많은 분들이 청취를 인생의 목표
에 포함시킨 데 대해 깊은 감명을 받았습니다. 감사합니다.
감사합니다. 밸!"

이밖에도 여러 명의 사람들이 손을 들고 일어나 인생의 목표
를 발표하였다. 나는 그 숫자를 기억할 수조차 없다. 다만, 사
람들이 발표를 할 때마다 강연장이 점점 더 커지고 더 높아지
며 더 밝아지는 듯한 느낌을 받았던 것이 기억날 뿐이다.

과거에는 이러한 경험을 '공상'이라 부르며 무시했지만 이
번에는 그 느낌이 너무 강해 도저히 무시할 수 없었다.

놀라운 경험이었다. 나는 그러한 사람들과 함께 있다는 사
실조차 영광으로 생각되었다.

마지막으로 발표한 사람은 팀이라는 남자였는데 그는 "나는
사람들을 치유하여 즐거움을 찾아주고 사랑으로 충만하도록
도와주고 싶습니다."라고 말했다.

그리고 위대한 네트워커는 팀에게 감사하며 한동안 바닥만
바라보면서 말없이 앉아 있었다. 그는 양손으로 두 눈을 비비

고 있었다. 나는 그가 우리들의 인생 목표에 감명을 받았다는 것을 알 수 있었다. 그는 고개를 들어 모든 사람들의 얼굴을 하나 하나 살펴보려는 듯, 방안을 천천히 주의깊게 둘러보았다.

"여러분께 질문이 있습니다."

마침내 그가 부드러운 목소리로 청중을 향해 말했다.

"인생의 목표에 따라 살아가는데 있어서 방해가 되는 것이 있다면 무엇일까요?"

그는 대답을 기다렸다.

"두려움이오." 누군가 말했다.

"할 수 있다고 믿지 못하는 것이오."

다른 누군가가 대답했다.

"아, 좋습니다. 두려움과 할 수 없다고 믿는 것, 이 두 가지는 거의 같은 것이 아닐까요?"

사람들의 반응을 보아 대부분이 그의 말에 동의하는 것 같았다.

"다른 질문을 하죠. 믿음이란 무엇입니까?"

"신념입니다." 뒤쪽에서 누군가가 대답했다.

"사실이라고 생각하는 것." 다른 사람이 소리쳤다.

"신뢰요." 또 다른 누군가가 대답했다.

"무엇을 신뢰하죠?"

위대한 네트워커가 물었다.

"결과죠. 즉, 일이 내가 원하는대로 이루어질 것이라고 믿고 있는 것입니다."

누군가가 답변했다.

"좋습니다. 그러면 믿음이란 '뭔가가 사실이라는 것을 알고 있는 것'이라고 말할 수 있습니까?"

우리는 동의의 뜻으로 고개를 끄덕였고 나는 지난 번 일본 식당에서 저녁을 먹던 때를 기억해 내고는 그가 청중을 대상으로 불편한 훈련을 실시할 것인지 아닌지에 대해 궁금해하고 있었다. 나의 이러한 궁금증은 그의 다음 이야기가 대답해 주었다.

"'안다'라고 하는 것은 여러분이 사실을 정말로 알 수 없다는데 서 나온 말입니다. 여러분이 알고 있다고 생각하는 것은 하나의 해석에 불과합니다. 오늘날 과학자들조차도 이러한 사실을 인정하고 있습니다.

저는 그것을 깨우쳐주기 위해 소위 '세상에서 가장 불편한 훈련'이라는 훈련을 실시해 왔습니다. 하지만 여러분이 괜찮다면 오늘은 그 불편한 훈련을 하지 않고 그 훈련에 대한 개요만 설명하도록 하겠습니다.

그 훈련에서 여러분이 한 가지 사실을 이야기하면 저는 여러분에게 '어떻게 그것을 아십니까?'라고 질문을 합니다. 그리고 여러분이 그 질문에 답변을 하면 저는 다시 '어떻게 그것을 아십니까?'라고 질문을 하고 여러분이 다시 답변을 하면 저는 또 한 번 '어떻게 그것을 아십니까?'라고 질문을 합니다.

그 훈련은 이렇게 계속 진행됩니다. 이렇게 하면 대부분의 사람들은 좌절감에 젖어들고 그것이 쌓이고 쌓여 마침내는 저에게 적의감을 드러내며 소리치게 되죠. '몰라요!'라고 말입니다."

그리고 그는 나를 가리키며 이렇게 말했다.

"이 자리에 있는 제 친구는 그 훈련에서 불편한 감정이 빨리 유발될 수 있다는 것을 증명해 줄 수 있습니다."

"물론이죠."

내가 큰 소리로 말했다. 그리고는 그렇게 큰 소리로 이야기 한 것에 대해 스스로 깜짝 놀랐다. 그는 나에게 미소를 보내며 이야기를 계속 했다.

"만약 '믿음'이 자신의 인생 목표가 이루어질 것임을 아는 데 있다면, 인생의 목표를 달성할 수 있음을 아는데 있다면, 오늘 세운 인생의 목표가 앞으로 자신의 모습이 되고 인생의 진로가 될 것임을 아는데 있다면, 그리고 그것이 사실이라는 것을 아는데 있다면 여러분은 지금 곤란한 상황에 처해 있는 것입니다. 왜냐하면 여러분은 그것을 모르기 때문입니다.

그렇다고 여러분이 절대로 알 수 없다면 어떻게 믿을 수 있 겠습니까? 그리고 자기 스스로를 믿지 못한다면 어떻게 성공 할 수 있겠습니까?"

그는 말을 멈추고 우리들을 뚫어지게 응시하고 있었으나 얼 굴은 무표정한 채였다. 그리고 그는 이야기를 계속했다.

"여러분에게 도움이 되는 대안을 제시할까요? 만약 믿음에 안다는 것이 필요치 않다면 어떨까요?"

그는 잠시 말을 멈추었다.

"믿음이 진리와 관계없는 것이라면 어떨까요?"

그는 다시 말을 멈추었다.

"만약…." 질문을 하는 그의 목소리에는 더 이상 비난하는 듯한 느낌은 없었다.

"만약 여러분이 100%의 힘과 열정 그리고 흔들리지 않는 믿음을 얻기 위해 해야 할 일이 단순히 사랑이라면 어떨까요?

제 의견으로는 믿음이 진정으로 의미하는 것은 사랑입니다. 믿음이라는 단어 'belief' 에서 'be' 는 존재를 의미하며 'leif' 는 'leubh' 에서 온 말로 사랑을 의미합니다. 따라서 '믿음' 이란 '사랑' 하는 것이라고 정의 내릴 수 있습니다. 뭔가를 믿는다는 것은 그것을 사랑한다는 의미입니다.

따라서 자신의 꿈과 목표를 믿기 위해 의심없이 목표가 이루어질 것임을 알아야 할 필요는 없습니다. 그저 그 목표와 사랑에 빠지면 됩니다.

다른 누군가를 '믿는다' 는 말을 들어 본 적이 있습니까?

그것이 단순히 사랑하기 때문에 가능하다고 생각하십니까?

저는 제 인생의 목표와 사랑에 빠져 있습니다. 제 인생의 목표가 바로 제 모습이기 때문입니다. 저는 사람들이 사랑 속에 살도록 도와주고 있습니다. 이것이 저의 임무이며 꿈이자, 목표이고 열정인 동시에 개인적인 힘의 원천입니다.

물론 저도 처음 시작했을 때에는 제가 인생의 목표대로 살 수 있을 것이라고 믿지 않았습니다. 제가 잘할 수 있다는 것을 의심했었죠. 하지만 저는 제 인생의 목표를 사랑했습니다. 그 일은 매우 쉬웠거든요.

여러분! 여러분이 목표를 사랑하기 위해 목표가 이루어질 것임을 알아야 할 필요는 없습니다.

여러분은 자신의 꿈을 믿을 수 있습니까? 자신의 꿈과 사랑에 빠질 수 있습니까?

여러분은 자신의 열정을 믿을 수 있습니까? 자신의 열정과 사랑에 빠질 수 있습니까?

여러분은 자신의 인생 목표를 믿을 수 있습니까? 자신의 인생 목표와 사랑에 빠질 수 있습니까?

여러분은 네트워크 마케팅 사업을 믿을 수 있습니까? 네트워크 마케팅 사업과 사랑에 빠질 수 있습니까?

여러분은 자신의 사업기회, 회사, 제품을 믿을 수 있습니까? 자신의 사업기회, 회사, 제품과 사랑에 빠질 수 있습니까?

여러분은 서로를 믿을 수 있습니까? 서로 사랑에 빠질 수 있습니까?"

그는 말없이 서서 청중의 얼굴을 하나 하나 살펴보았다. 그리고는 갑자기 환하게 웃으며 말했다

"이제 시간이 다 되었다는 것을 믿을 수 있습니까? 오늘 함께 해주셔서 대단히 감사합니다. 여러분은 특별한 분입니다. 제게 깊은 감명을 주셨습니다. 저는 여러분 한 분 한 분에게 감사하고 있습니다. 감사합니다."

그는 손을 흔들며 말했다. 그리고는 무대에서 내려와 기립박수를 받으며 중앙 통로를 지나 강연장 밖으로 나갔다.

story ❾

그 다음은…?

우리는 위대한 네트워커가 강연장을 나간 뒤, 강연장을 나왔다. 그는 감사해하는 많은 사람들과 악수를 나누고 포옹을 했다. 그는 사람들 모두에게 친절했지만 어딘가 모르게 조금 불편해 보였다. 그 모든 관심에도 불구하고 그는 당장 떠나고 싶은 것처럼 보였지만 사람들을 위해 끝까지 남아 있었다. 그리고 그것 자체도 나에게는 커다란 교훈이 되었다.

그는 마지막으로 루비와 인사를 나누면서 그녀에게 감사하고 또한 감사를 받았다. 테드와 악수를 하고 루비와 포옹을 나누고 나서 우리는 출발했다.

호텔 보이가 차를 대기시키자 그는 호텔 보이에게 팁으로 10달러를 주었다. 나는 팁치고는 너무 많은 것 같아 그에게 많지 않느냐고 물었다.

"저런 사람들은 열심히 일하는 사람들이죠."

그는 차에 자리를 잡고 앉아 안전벨트를 착용하면서 나에게 말했다.

"그리고 저는 벌어들인 돈을 다른 사람과 특히 저보다 적게 버는 사람과 나누어 쓸 때 기분이 좋습니다. 십일조를 알고 계십니까?"

"예. 교회에서 수입의 10%를 헌금으로 내는 것 말이죠."

"네. 하지만 그렇게 좋은 일을 꼭 교회에서만 할 필요는 없겠죠. 제 친구 랜디 게이지는 영적인 힘의 원천에게 십일조를 내라고 가르쳤습니다. 저는 수년간 십일조에 대해 알고 있었지만 랜디같이 말하는 것을 전에는 들어본 적이 없었습니다. 그래서 저는 그 말을 듣고 생각했죠. 내 인생에서 영적인 힘의 원천은 무엇일까? 제 대답은 '사람'이었습니다. 그 이후로 저는 사람들에게 직접 돈을 주고 있습니다."

그는 주차장에서 차를 꺼내어 고속도로로 향하면서 말했다.

"특히 제가 원할 때, 서비스를 제공한 사람들에게요. 그런데 팁이라는 단어가 어디에서 유래된 줄 아십니까?"

"신속한 서비스를 받기 위해(To Insure Promptness)."

나는 스스로의 대답에 만족해하며 말했다.

"짐 론 테이프에서 들었습니다."

"테이프를 다양하게 들으셨군요."

그는 나를 보고 미소를 지으며 말했다.

"저도 그 테이프를 듣고 안 것입니다. 그런데 신속한 서비스를 받으려고 먼저 팁을 주었더니 고맙다는 인사를 빼먹게 되더라구요. 그래서 저는 끝까지 기다렸다가 팁을 줍니다. 그런데 오늘 강연에서 어떤 주제가 가장 흥미로웠습니까?"

"아, 너무 많았습니다."

나는 가장 흥미로운 주제를 찾아내느라 생각을 집중하면서 말했다.

"아무래도 한 가지 주제만 고른다는 것은 무리인데요! 모두 훌륭한 훈련이었습니다. 저는 며칠 동안 머리가 어지러울 것 같습니다." 나는 솔직하게 말했다.

"오늘 배운 내용이 현실적으로 당신에게 영원히 중요한 가치로 남으려면 당신에게 도움을 줄 수 있어야 합니다. 뭔가 배우긴 배웠습니까?"

"물론이죠."

"열심히 노력해 보겠습니다."

나는 아직 정신이 멍한 상태였지만 그렇게 말했다.

그러자 그는 "노력이란 존재하지 않습니다." 라고 말하고는 스타워즈의 요다를 흉내내며 '하거나 아니면 하지 않는 것이다. 노력이란 없다' 라고 말했다.

"좋습니다."

나는 크게 웃었다. 그리고 지난번의 만남 이후 계속해서 믿음에 대한 새로운 정의에 대해 생각하고 있었다고 말했다. 그것은 나에게 있어서 혁신적인 개념이었다. 그리고 오늘 또 다른 개념을 얻었다.

"뭘 배웠죠?"

"사랑입니다. 어쩌면 우리 모두가 어떠한 경우라 할지라도 실천해야 할 일이 사랑일 것입니다."

"대단하군요."

나는 인간관계에 대해 이야기하면서 네트워크 마케팅에서 해야 할 첫 번째 임무가 '사랑' 이라고 말했다.

"인생에서도요?" 그가 물었다.

"인생에서도요." 내가 대답했다.

나는 인간관계를 형성하여 친분을 맺고 파트너십을 제안하면서 리더십을 통해 서로를 발전시켜 나가는 것에 대해 이야기했다. 그는 내가 '파트너십을 제안하면서 리더십을 통해 서로를 발전시켜 나가는 것'이라고 표현한 것이 마음에 든다고 칭찬을 해서 나를 무척이나 기쁘게 했다.

또한 나는 건강을 돌보는 것에 대해 이야기하면서 나의 몸을 돌보기 위한 나의 노력에 대해 그와 함께 의견을 나누었다.

그 외에도 박수 훈련, 제니 이야기 그리고 특히 창의적 청취를 위한 훈련에 대해서도 이야기를 나누었다.

나는 계획적 청취가 나에게 특히 많은 도움이 되었다고 말했다. 사실, 나는 자주 무의식적인 청취를 하면서 매트의 경우와 마찬가지로 나의 과거 경험, 의견, 생각, 상대방에 대한 느낌에 지배당하는 것을 인식하곤 했던 것이다.

그리고 사람들에게 도움을 줄 수 있도록 사람들의 이야기를 들어주어야 할 책임과 능력이 나에게 있다는 것을 깨달은 것은 특기할 만한 일이었다.

"질문을 하라고요?"

내가 즐겁게 말했다.

"물론입니다."

그도 즐겁게 대답했다.

그리고 그가 빈스와의 대화에서 사용했던 '어디에 사십니까?'라는 질문을 이제부터 나도 사용할 것이라고 말했다. 그러자 그는 이제부터 그 질문은 '나의 질문'이 되었다고 말해줘서 나는 그에게 감사했다.

그 외에도 멈춰 서서 보고 들어라, 전념, 시너지 그리고 벅키

풀러의 멋진 인용 구절, '때로 나는 우리가 혼자라고 생각하기도 하고 또 때로는 우리가 혼자가 아니라고 생각하기도 한다. 어쨌든 양쪽의 생각은 모두 갈피를 잡을 수 없다.'가 마음에 든다고 말했다. 사실 나도 밤하늘을 바라보며 이런 생각을 여러 번 했기 때문이다.

그는 자신도 그런 생각을 했다고 말했다. 그리고 점심시간의 대화를 통해 나는 그에게 정말로 매료되었다고 말하자, 그는 좀더 자세히 말해 달라고 부탁했고 나는 그렇게 했다.

나는 그에게 그가 어린 시절에 내린 결정과 네트워크 마케팅 사업을 시작하면서 겪었던 실패담을 솔직하게 이야기해 준 것에 대해 감사했다. 나는 그가 사람을 좋아하지 않는다는 이야기를 꺼냄으로써 낯선 사람들 앞에서 그러한 이야기를 하기 힘들어하는 나에게 많은 용기를 주었다고 말했다.

그는 자신도 처음에는 나와 똑같이 어려웠지만 지금은 그런 이야기를 하는 것이 쉽다고 말했다. 그는 사실을 말하는 것이 특히 스스로에게 사실을 말하는 것이 얼마나 자유와 평화를 안겨주는지 경험하고 나면 그 자유와 평화에 중독된다고 말했다.

나는 나에게 부족하다고 생각했던 것에 대해 이야기하면서 어떻게 그러한 생각이 수년 동안 나의 정신과 인생을 지배했는지 의심스럽다고 말했다.

그러자 그는 비록 과거에는 그랬지만 이제부터는 나의 정신을 '관리'하라고 말했다. 또한 내가 반응적 청취를 할 것이냐 아니면 창의적 청취를 할 것이냐의 선택에 대해 이야기를 나눴다.

특히 수다를 떨고 있을 때에 대해서 이야기를 하고는 우리 둘은 함께 웃었다.

그 밖에도 우리는 너무 많은 이야기를 나누었다. 따라할 수 있는 사업 즉 사용, 권유, 후원에 대해 그리고 우리가 해야 할 일은 사업 방식을 배워 이미 알고 있는 것을 다른 사람들에게 교육해야 한다는 것에 대해서도 얘기를 했다.

나는 그가 인용했던 돌덩이에 대한 이야기를 생각해 냈다. 돌덩이를 집어들면 손은 무거워지고 지구는 가벼워지며 모든 것은 서로 연결되어 전체의 조화를 이루고 있다는 것.

그리고 스테판 코비의 패러다임 이야기도 기억났다. 나는 그에게 아이의 엄마가 죽고 나서 병원에서 돌아오는 아버지와 아이들의 이야기를 들었을 때는 가슴이 무너지는 것 같았다고 말했다.

"저는 그 이야기를 해야 한다고 생각할 때마다 주저하게 됩니다. 그 이야기를 수백 번도 더 했지만 그리고 결론까지 이미 다 알고 있지만 이야기를 마무리 지을 때마다 항상 마음이 아파 옵니다. 저는 그 아버지 그리고 아이들의 입장이 되어 생각하지 않을 수 없더군요. 얼마나 충격이 컸겠습니까."

그는 깊은 한숨을 내쉬며 말했다.

우리는 많은 이야기를 나누었다. 일부는 그 당시에 기억났지만 솔직히 며칠, 몇 주가 지나도 기억나지 않았던 것도 있었다. 하지만 그와 대화를 나누면서 한 가지 배운 것은 '모든 것을 기억하려 애쓰지 말라' 는 것이었다.

지금 나는 몇 년째 필기를 하지 않고 있다. 어느 날 내가 열심히 필기를 하고 있는데 그가 이렇게 물었다.

"필기를 하면서 이야기를 제대로 들을 수 있습니까? 그냥 이야기의 과정을 믿으십시오. 그리고 중요한 것을 기억해야 할 때는 자신을 믿으십시오. 바로 자신이 이야기 과정이기 때문입니다."

그 이후로 나는 펜과 종이를 치워버렸다.

우리는 다음 목요일 저녁에 다시 만나기로 했다. 그는 새로운 리더들을 중심으로 대화를 나누기 위한 작은 그룹을 만들었는데 그 자리에 나를 초대했던 것이다. 그와 만나면 우리는 항상 대화를 한다. 인생은 그가 말했던 것처럼 대화의 연속이다. 그리고 이제 나는 그의 생각에 전적으로 동의한다.

그 날 저녁 우리는 비전 파티라고 하는 모임을 열었다. 거기서 우리는 창의적 긴장감과 자기 동기부여에 대해 이야기하면서 우리의 비전을 글로 적었다. 이러한 훈련 하나만으로도 나는 더 많은 사람들을 위해 성공을 만들어 가는데 도움을 받았다.

그리고 우리는 나의 요청으로 히로시 식당에서 다시 만났다. 그는 내게 승리에 대해 이야기하면서 개발을 위한 전문적 공식을 설명했는데 그 공식은 기하학적인 성장을 계산하는 것으로 평생동안 매년 나의 능력과 경쟁력을 배가시키는 방식이었다.

그리고 그의 말은 옳았다.

또한 우리는 '말하기'와 '듣기'에 관해 많은 이야기를 나누었는데 주로 '듣기'에 대해 이야기를 나누었다. 이러한 모든 것은 내게는 훌륭한 경험이 되었다.

나는 많은 이야기를 기억한다. 이 일을 남다르게 하는 법, 테스트, 시, 서정시 그리고 그 외에도 많은 인용 구절….

나는 이 모든 것들을 잊을 수 없으며 언젠가 여러분에게 이야기해주고 싶다. 그러나 그것은 다음 책의 이야기가 될 것이다. 이 책을 읽어 주신 것에 감사하며 다음에 다시 한 번 읽어 보시기를 바랍니다.